Felix Rohner-Dobler ▌ Feuer in mir

Felix Rohner-Dobler

Feuer in mir

Firmung als Initiation

Handreichung für die
Gemeindearbeit

Kösel

HINWEIS

Vorliegende Handreichung bezieht sich immer wieder auf

Feuer in mir. Mein Firmtagebuch.

Dieses Firmtagebuch für die Jugendlichen enthält die in der Handreichung erwähnten Texte und eindrucksvolle meditative Illustrationen.

ISBN 3-466-36651-8

ISBN 3-466-36650-X
© 2004 by Kösel-Verlag GmbH & Co., München
Printed in Germany. Alle Rechte vorbehalten
Druck und Bindung: Kösel, Kempten
Umschlag: Agentur Kosch, München
Umschlagmotiv: Zefa, Düsseldorf. Krecichwost

Gedruckt auf umweltfreundlich hergestelltem Werkdruckpapier
(säurefrei und chlorfrei gebleicht)

Inhalt

Einstimmung

*»Bevor du mit jemandem über Gott redest,
solltest du siebenmal mit ihm essen!«*

Clemens von Alexandrien

Firmarbeit ist Beziehungsarbeit. Da wir mit Ihnen, liebe Leserin, lieber Leser, nicht sieben Mal essen können, möchten wir Sie einladen, sich mit auf unseren Weg zu machen und bei unseren Gesprächen dabei zu sein.

Felix: Von 1993 bis 1999 leiteten wir gemeinsam die Firmung in unserer Heimatpfarrei Hard am Bodensee. Dabei entwickelten wir ein Modell, das besonders auf die treuen Kirchenfernen Rücksicht nahm. Was war denn für dich das Eindrücklichste an unserem Modell?

Hildegard: Spontan fallen mir die drei Türen ein, die wir beim Firmgottesdienst im Kirchenraum aufstellten. Eine rote, eine weiße und eine schwarze Tür. Um zum Firmspender zu kommen, mussten die Firmlinge, begleitet vom Paten, durch diese Türe hindurch. Von der Mama, dem Papa und von Oma oder Opa erhielten die Firmlinge jeweils eine Lebensweisheit und ein kleines Geschenk.

Für mich bedeutet das Symbol Tür, dass wir Lebensprozesse begleiten. Dem Vergangenen wird würdig gedankt und der Firmling kann auf das Neue offen zugehen.

Dieses Schreiten durch die Türen hat aber zugleich auch etwas Heilsames für die Eltern. Eine Mutter erzählte mir: »Als ich meinen Sohn so durch diese Türen gehen sah, wurde mir bewusst, dass mein ›kleiner‹ langsam groß wird. Ich spürte, wie ich langsam, aber sicher, loslassen muss. Im Raum unserer Kirche, eingebettet in dieses heilige Ritual, fühlte ich, dass er seinen eigenen Weg voll Zuversicht geht. Das hat mich erleichtert und dafür bin ich dankbar«.

Felix: Die Bedeutung der Elternarbeit wird mir, ehrlich gesagt, viel stärker bewusst, seitdem ich selbst Vater bin. Gerade Eltern, die den Kirchen fern stehen, ihr aber trotzdem treu sind, haben einen ganz neuen Zugang zur Firmung bekommen.

Hildegard: Wir haben nicht die Entscheidung zur Kirche in den Mittelpunkt gestellt, sondern die Bestärkung durch Ruach, die Geistin Gottes. Kräftig und stark sein wünschen sich nicht nur die Kinder und Jugendlichen, sondern auch deren Eltern freuen sich über eine Stärkung ihrer Kinder durch die Kirchen.

Felix: Gerade in diesem Lebensprozess ist das wichtig: nicht über die Pubertät schimpfen, sondern sie freudig bejahend annehmen. Diese Zeit der Veränderung will in der Firmvorbereitung thematisiert sein.

Zudem ist es nach unserem Verständnis Gottes Geist selbst, der in dieser Zeit verstärkt im Kinde weht und zur inneren und äußeren Wandlung drängt. Gottes Geistin, die das Leben ist, will nicht, dass ein Kind für immer Kind bleibt. Es ist die Kraft Gottes, das innere Feuer, das im Kind unruhig wird und nun den Firmling antreibt voranzuschreiten, nicht stehen zu bleiben, sondern sich zu entwickeln und sein heiliges Feuer zu finden.

Hildegard: In der Pubertät ist das Bedürfnis ja auch groß, viel mit Freundinnen und Freunden zusammenzusitzen und zu reden. Kaum zu Hause angekommen, greift man zum Handy und ruft die Freundin an, von der man sich eben verabschiedet hat. Wir Erwachsenen geraten oft in Konflikt mit diesen und anderen Situationen. Wir spüren unsere eigene Unsicherheit. Doch der junge Mensch geht hier der tief religiösen Frage nach: »Wer bin ich in dieser Welt?«

Es ist ein elementares Bedürfnis und führt ihn weiter in eine Dimension der Reflexion und Selbstreflexion. Wenn es Eltern und Firmbegleitern gelingt, Dinge und Situationen so zu arrangieren, dass sie mit den Bedürfnissen der heranwachsenden Menschen übereinstimmen, dann werden sie das als Zeichen unserer Freundschaft, unseres Vertrauens und unserer Liebe empfinden.

Felix: Da sich viele Jugendliche in Sportvereinen, bei den Pfadfindern oder in der Musikschule engagieren, sind wir auch dem Bedürfnis einer kurzen Firmvorbereitung nachgekommen. Unser Modell besteht aus mehreren »Modulen«. Die Firmlinge können hier frei wählen: ein einstündiges Einzelgespräch, 6–8 zweistündige Gruppentreffen innerhalb von etwa acht bis zehn Wochen, ein biblischer Samstagnachmittag, ein initiatorisches Wochenende gemeinsam mit Paten und andere kurzfristige Aktionen.

Das Firmalter ist für uns sekundär. Die Stärkung durch die Rituale und das Sakrament der Firmung ist intensiv und Gottes Geist wirkt in jedem Alter. Erreichbar ist dies allerdings nur, wenn sich die Firmlinge respektiert, ernst genommen und geliebt fühlen.

Ein weiteres Bedürfnis, dem wir entgegengekommen sind, war, dass die Jugendlichen sich ihre eigene Gruppe und ihren Firmbegleiter selbst aussuchen konnten. Dies führte dazu, dass wir großteils reine Mädchen- und reine Jungengruppen hatten. Das geschlechtsspezifische Arbeiten stellte sich als großer Vorteil heraus. So wie Mädchen brauchen auch Jungen ihren jeweils eigenen Raum auf der Suche nach der eigenen Persönlichkeit.

Hildegard: Daraus entstand dann auch die Idee von initiatorischen Wochenenden. Jeder männliche Firmling sollte von einem Mann, seinem Paten, jedes Mädchen von einer Frau begleitet werden.

Anhand des russischen Märchens »Vasalisa«, durch Rituale und Übungen konnten die Mädchen, begleitet von älteren, vertrauten Frauen, ihren Weisheiten nachspüren und in die Geheimnisse der Frauen eingeführt werden.

Felix: Bei uns Männern feierten wir eine »Nacht des Feuers« in einem Tipi im nahen Wald. Das Märchen »Eisenhans«, das Feuer, die Rituale und die Kraft des Waldes weckten nicht nur in den Firmlingen verborgene schöpferische Kräfte. Auch die Paten spürten hier – mitten im Wald – eine tiefe männliche Spiritualität, eine Verwurzelung mit der Schöpfung und dem Schöpfer.

Beeindruckend ist für mich dann immer, wenn zum Abschluss der Pate seinen Firmling mit männlicher Kraft segnet. Segnen heißt ja: das in der Tiefe Liegende, das Verborgene und Ungesehene, das Beste im Menschen hervorholen.

Genau das will Firmung.

Theoretische Grundlegung

Ein Schüler fragte einst seinen Rabbi:
»Lehrer, was ist das Schlimmste?«
Dieser antwortete:
»Wenn der Mensch vergisst,
dass er ein Königssohn ist!«

Martin Buber

Firmung als Bestärkung

Es gibt die verschiedensten Zugänge zum Sakrament der Firmung. Aus pastoralen Gründen haben wir den Weg der Bestärkung gewählt. »Firmare« bedeutet ja stärken. Heranwachsende Mädchen und Jungen, die den wundervollen und doch so schwierigen Lebensprozess der Wandlung vom Kind zum Jugendlichen durchleben, brauchen Bestärkung durch die Erwachsenen.

Wir empfinden, wie wir später zeigen werden, die Verengung der Firmung auf freie Entscheidung und Eingliederung in die Kirchen weder theologisch haltbar noch pastoral sinnvoll. Lieber rücken wir den traditionellen, auf Thomas von Aquin zurückgehenden Gedanken der Stärkung in den Vordergrund.

Dadurch umgehen wir auch die unselige Diskussion des Firmalters. Während die Anhänger der »Firmung als Entscheidung« das Firmalter gern auf 17, 18 und sogar 20 Jahre anheben würden, halten wir bei »Firmung als Bestärkung« das Alter für sekundär.

Viel wichtiger scheint uns eine inhaltliche Auseinandersetzung, sowohl eine theologische als auch eine pädagogische. Jede Gemeinde sollte deshalb ihren eigenen Bedürfnissen und Traditionen folgen.

Theologisch gesehen, kann die Firmung in jedem Alter gespendet werden. In den orthodoxen Kirchen werden Säuglinge gleichzeitig getauft, gefirmt und erhalten die erste heilige Kommunion. Ebenso kann sich jemand, der noch nicht gefirmt wurde, mit dreißig oder achtzig Jahren firmen lassen.

In unserem Kulturkreis hat sich die Firmung im Jugendalter durchgesetzt. Es scheint uns sinnvoll, diese pastorale Tradition zu nutzen und das Sakrament der Firmung in der Pubertät zu spenden und auch aus der Lebenssituation der Jugendlichen heraus zu deuten.

Mädchen und Jungen sind in einer Zeit der körperlichen, seelischen und sozialen Veränderung häufig stark verunsichert. In der Firmvorbereitung soll diese Zeit der Veränderung angesprochen und reflektiert werden. Im Firmgottesdienst können die Kirchen, mit ihrem reichen Erfahrungsschatz an stärkenden Ritualen, jungen Menschen ihre Kraft und ihre Würde bewusst werden lassen.

Ein weiterer, wesentlicher Aspekt unseres Modells ist der Gedanke von Medard Kehl mit den »treuen Kirchenfernen«. Jenen Menschen, die zwar selten in den Kirchen anzutreffen sind, trotzdem ihren finanziellen Kirchenbeitrag leisten und auch zu bestimmten Anlässen, wie zum Beispiel den Sakramenten, von den Kirchen den nötigen festlichen Rahmen oder seelsorgerliche Hilfestellung erhoffen und erwarten.

Da in unserer Pfarrei, wie in den meisten anderen Pfarreien auch, mehr treue Kirchenferne leben als engagierte Kirchgänger, haben wir dieses niederschwellige Modell entwickelt. Uns geht es darum, die Vorbereitung und die Rituale in der Feier der Firmung so zu gestalten, dass alle Teilnehmenden unmittelbar davon berührt werden und einen Anstoß erhalten, sich mit dem eigenen Innenleben zu beschäftigen.

Vielleicht werden manche einwenden: »Hier werden die Sakramente verschleudert!« Doch wir verstehen die Sakramente als symbolhaften Ausdruck der Zärtlichkeit und Liebe Gottes. Die Liebe Gottes können wir gar nicht genug verschleudern! Gottes unbedingte Liebe »lässt seine Sonne aufgehen über Bösen und Guten, und er lässt reg-

nen über Gerechte und Ungerechte« (Mt 5, 45) und, so möchte ich hinzufügen, »... er bestärkt mit seinem Geist die Kirchenfernen und die Kirchgänger«. Gerade in den Sakramenten sollten die Kirchen Sorge tragen, dass die unbedingte Liebe Gottes den Menschen erfahrbar wird.

Um diesem Ziel nachzugehen, sollten wir zuerst klären, was ein Sakrament im Allgemeinen und was das Sakrament der Firmung im Besonderen bedeutet.

Was ist ein Sakrament?

Schon mit dem Wort Sakrament können viele Jugendliche und deren Eltern nichts mehr anfangen. Sakrament erscheint vielen nur noch als Schimpfwort.

»Sakramentum« war eigentlich der Fahneneid des römischen Soldaten. Es ist eine Weihe, Verpflichtung, ein Treueid.

Sakrament meint allerdings noch mehr: »sacrare« (lat.) heißt »(einer Gottheit) weihen, widmen; heilig machen«: und ist verwandt mit dem lateinischen »sancrire«, »heiligen; unverbrüchlich und unverletzlich machen, bekräftigen, besiegeln.«

Sakrament ist auch die Übersetzung des griechischen Wortes »mysterion« und bedeutet »Einweihung in ein religiöses Geheimnis«. Für uns Christen geht es um die Einweihung in das Geheimnis von Tod und Auferweckung Jesu Christi und somit auch in das Geheimnis unseres eigenen Todes und unserer Auferweckung.

Hierbei ist natürlich nicht nur unser eigener, leiblicher Tod und die endgültige Auferweckung gemeint. Im Laufe eines Lebens sterben wir ja viele Tode. So feiern wir die Sakramente bewusst an Lebenswendepunkten, wenn ein Lebensprozess in Gang kommt, der unser Leben wandelt: So stirbt zum Beispiel bei der Firmung das Kind ab und wird als Erwachsener – oder in unserem

Kulturkreis besser als Jugendlicher – auferweckt; bei der Ehe stirbt das Leben des Junggesellen und wir werden als Paar mit allen dazugehörenden Verpflichtungen auferweckt.

Die Bedeutung und der Ursprung des Wortes »Sakrament« scheint mir für ein zeitgemäßes Verständnis wesentlich, doch wichtiger als die etymologische Herkunft ist sicherlich die Wirkung eines Sakraments.

Die Wirkung eines Sakraments

Die sieben Sakramente der katholischen Kirche werden an so genannten Wendepunkten des Lebens gefeiert, das heißt in Zeiten, in denen sich das Leben eines Menschen stark wandelt:

Geburt – Taufe, Erwachsenwerden – Firmung, Hochzeit – Ehe, schwere Krankheit – Krankensalbung ...

In beeindruckender Weise erklärt Bischof Kurt Koch in seinem Buch »Zwischenrufe« den Sinn der Sakramente. Er schreibt, dass es in Tradition und Gegenwart der Kirchen zwei grundverschiedene Vorstellungen für das Verständnis der Sakramente gibt.

Die einen verstehen die Sakramente als punktförmige Einbrüche von Gottes Gnade in eine profane und sündige Welt. Ohne Sakramente gibt es für sie kein Heil. Sakramente sind heilige Inseln in einem profanen und sündigen Meer.

Die anderen glauben, dass Gottes Schöpfung bis in die letzte Faser durchdrungen ist von Gottes Geist. Gottes Gnade und Heil sind deshalb immer und überall. Die christlichen Sakramente sind somit symbolische Darstellungen dieses Heils. »Folglich ereignet sich in den Sakramenten nicht einfach etwas, was sich sonst nicht ereignen würde. Vielmehr wird in den Sakramenten das ausdrücklich ausgesagt, angenommen und gefeiert, was in der Welt immer und überall geschieht«.[1]

Nach diesem Verständnis sind die Sakramente begnadete Gipfel eines heiligen Gebirges, denn Insel und Meer sind zweierlei, aus verschiedenen Stoffen. Gipfel und Gebirge gehören zusammen, sind aus der selben Materie.

So entspringen die Sakramente dem Alltag, führen aus ihm heraus in eine heilige Auszeit und geleiten den Empfänger wieder zurück ins alltägliche, allerdings verwandelte, Leben.

Zur Verdeutlichung vielleicht ein Beispiel, wie verschieden wir einen Geburtstag, besonders einen runden, begehen können:

- Ein Mann fliegt zu seinem vierzigsten Geburtstag mit seiner Frau auf eine südliche Insel und ist froh, dass ihm niemand zum Geburtstag gratuliert und er dem Trubel von Verwandten und Bekannten entgehen konnte. Auch von seiner Frau wünscht er sich nichts.
- Ein anderer engagiert eine Catering-Firma und eine Band. Er lädt viele Gäste ein, die viel essen und trinken und die sich mit Gedichten und Sketchen über den Gastgeber, dessen Jugend und besonders über das Alter lustig machen.
- Ein Dritter geht mit Freunden, vielleicht seiner Männergruppe, in den Wald oder einen anderen heiligen Ort und reflektiert – vielleicht mit Impulsen eines Männermärchens – sein Leben von der Kindheit, über die Jugend bis hin zu seinem Geburtstag und darüber hinaus. In einem würdigen Ritual dankt er seinen Eltern für das Leben.
Dann geht die ganze Männergruppe zum Fest, wo seine Verwandten und Bekannten bereits warten. Auch hier wird wieder ein Ritual gefeiert und die Anwesenden: Freunde, Geschwister, Kinder, Ehefrau und Eltern danken dem Mann für seine Art zu sein und spenden ihm den Segen. Anschließend wird ein Fest mit Musik, feinem Essen, guten Getränken und schönen Gesprächen gefeiert.

Alle drei Männer werden vierzig. Ob sie nun flüchten, feiern und Witze machen oder diesen Geburtstag mit Ritualen begehen, ändert nichts an dieser biologischen Tatsache. Für die Seele macht es aber einen großen Unterschied, wie wir die Feste begehen.

»Seinem innersten Wesen nach«, schreibt Harvey Cox, »ist der Mensch ein Geschöpf, das nicht nur arbeitet und denkt, sondern das auch singt, tanzt, betet, Geschichten erzählt und feiert. Der Mensch ist homo festivus«.[2]

Doch feiern allein ist zu wenig. C.G. Jung beklagte einmal, dass wir Europäer in unseren Häusern keine Winkel (mehr) haben, in denen wir Riten vollziehen oder meditieren. Persönliche Riten sind notwendig, damit wir den Wert unseres Lebens erfahren, dass wir nicht bloße Pflichterfüller und Leistungsträger sind, dass es im Leben mehr gibt, als arbeiten, essen, sich vergnügen und um den nächsten Tag sorgen. Oder wie es Anselm Grün formuliert: »Ohne Rituale wird das Leben leer und sinnlos. Alles ist nur noch banal. Es gibt nur noch Arbeit und Vergnügen, aber keinen tieferen Sinn.«[3]

Rituale haben den Effekt, dass wir unsere Gefühle, die wir sonst nicht ausdrücken können, mit wenig Worten, durch würdige Gesten und heilige Handlungen zum Ausdruck bringen.

Rituale, besonders die sieben Sakramente der Kirchen, sind mit ihren Gebärden leiblich erfahrbare Symbole der Zärtlichkeit und Liebe Gottes. Die Sakramente vermitteln dadurch Lebenssinn. Diese Riten besitzen eine heilende Kraft. Sie zeigen auf, dass wir nicht nur ein irdisches Leben haben, sondern auch hineingenommen sind in das Göttliche. Sie entlasten uns von unserem eigenen Perfektionismus, ja alles richtig machen zu müssen. Wir gehören weder dem Staat noch den Eltern, noch unserem Arbeitgeber. Durch die Berührung in den Sakramenten und Riten werden wir frei, selbst zu leben und nicht gelebt zu werden. Gottes unbedingte Liebe schenkt uns Kraft und Mut dazu. Die Sakramente führen uns zum Kern des Glücks: Sei, der du bist!

Dabei genügt es nach C.G. Jung nicht, die Riten einfach nur zu wiederholen. Sie brauchen eine ständige Erneuerung. Das heißt nicht, dass die Kirchen immer neue Rituale entwickeln sollen, sondern sie sollen die alten so feiern und verstehen, dass die Menschen unmittelbar davon erreicht werden. Dann werden uns die Sakramente innerlich erneuern, schöpferische Energien freisetzen und unsere Wunden heilen.[4]

Den Firmlingen können wir somit sagen: »Du wirst jedes Jahr älter, ob du an deinem Geburtstag eine Party machst oder nicht. Die Party, das gute Essen, Rituale wie Geburtstagskuchen, Kerzen für jedes Lebensalter und die Geschenke machen deinen Geburtstag zu einem Fest. Du wirst dir dadurch vielleicht bewusst, dass es schön ist zu leben und dass es Menschen gibt, die dich lieben.

Genauso verhält es sich mit der Firmung. Du wirst erwachsen, ob du dich firmen lässt oder nicht. Aber im Feiern der Firmung wird dir vielleicht bewusst, dass Gottes Geist in dir Kräfte angelegt hat, dass in dir eine Sehnsucht, ein heiliges Feuer brennt, das dich beim Erwachsenwerden stärkt«.

Das Sakrament der Firmung

Danach aber wird es geschehen,
dass ich meinen Geist ausgieße
über alles Fleisch.
Eure Söhne und Töchter werden
Propheten sein,
eure Alten werden Träume haben,
und eure jungen Männer haben Visionen.
Auch über Knechte und Mägde
werde ich meinen Geist ausgießen
in jenen Tagen.

Joel 3, 1–2

So wie das Sakrament im Allgemeinen, gibt es in Tradition und Gegenwart unterschiedlichste Auffassungen vom Sakrament der Firmung. Das letzte Konzil spricht von Taufe, Eucharistie und Firmung als den Initiationssakramenten. Manche Theologen behaupten, dass nur die erste Eucharistie eine Initiation sei, doch dabei vergessen sie, dass Initiation ein lebenslanger Prozess ist, der immer wieder der Erneuerung oder Instandhaltung bedarf. Die Möglichkeit in der Feier der Eucharistie, der Danksagung und dem gemeinsamen Mahl, mein Leben und meine Beziehungen von neuem zu beginnen, neu zu initiieren, hat etwas Tröstendes und Stärkendes für den Alltag.

Ursprünglich, als es noch keine Säuglingstaufe gab, gehörten Taufe und Firmung als verschiedene Stadien des einen Initiationssakramentes zusammen. Dabei wurde, gleichsam als Krönung von Taufe und Firmung, der Empfang der Eucharistie gefeiert. Die orthodoxen Kirchen haben diesen Zusammenhang – auch bei Säuglingen – bis heute beibehalten.

Professor Hilberath von der Universität Tübingen betont, dass die Firmung zwar ein eigenständiges, aber kein selbstständiges Sakrament ist. »Eine Theologie der Firmung kann nicht unabhängig von der Taufe und der christlichen Initiation entwickelt werden«.[5] Dabei, so betont Hilberath nachdrücklich, darf das Verhältnis von Taufe und Firmung nie so gestaltet sein, dass die Taufe das Sakrament der Gnade und die Firmung das Sakrament der menschlichen Entscheidung darstellt.

Eine menschliche Entscheidung kann niemals ein Sakrament, ein Heilshandeln Gottes sein. Bei jedem Sakrament steht die Gabe vor der Aufgabe, sodass bei der Firmung, in dieser für Pubertierende oftmals schwierigen Zeit, zuerst die unbedingte Annahme und Liebe Gottes und dann erst die Antwort des Heranwachsenden gefeiert wird.

In Taufe, Firmung und allen anderen Sakramenten erfahren wir eine absolute Daseinsberechtigung. Wir erfahren: »Ich bin o.k. Ich kann meinem Feuer trauen!« Dies ist eine wichtige Voraussetzung und bestärkt den Menschen, seinen eigenen Weg zu gehen. Wenn ein Mensch sich nur bedingt angenommen weiß, wird er, um beliebt zu werden, seine eigene Meinung unterdrücken, seinen Zorn, seine Wut und Trauer verdrängen. Er wird mehr leisten, als ihm gut tut, und innerlich ausbrennen.

Um die Firmung in ihrer Ganzheit zu verstehen, müssen wir daher das Sakrament der Taufe genauer betrachten.

Exkurs:
Das Sakrament der Taufe

»Können Sie mein Kind taufen?«, fragte ein Vater.

»Natürlich«, antwortete der Priester.

»Gut«, sprach der Vater, »wann kann ich es denn wieder abholen?«

Die meisten Eltern lassen ihre Kinder bereits im Säuglingsalter taufen, damit sie später im Leben keine Außenseiter sind, damit sie »dabei« sind, auch wenn die Eltern selbst den Kirchen fern stehen. Auch im II. Vatikanischen Konzil wird die Taufe vor allem als Eingliederung in die Gemeinschaft der Kirchen verstanden.

Dies ist unseres Erachtens aber eine Fehlentwicklung. Ein (durchaus wichtiger) Nebeneffekt wurde zum Hauptanliegen. Denn jedes Sakrament hat zuallererst mit Gott, Jesus Christus und dem Heiligen Geist zu tun, der selbstverständlich in den Kirchen lebendig und erfahrbar ist. Die Sakramente sind, wie es Seef Konijn in seinem gleichnamigen Buch ausdrückt, ein »Aufstieg zur Lebenstiefe«. Was heißt das konkret bei der Taufe?

Taufen bedeutet dem Wortursprung nach eigentlich »tief machen«, das heißt »ein-, untertauchen«, weil früher die Erwachsenen dreimal unter Wasser getaucht wurden. Wenn wir bei der Taufe in die Tiefe gehen, drücken wir damit aus, dass im Kind eine wahre Tiefe angelegt ist, eine Mitte, ein Wesenskern, ein göttlicher Funken oder eine Quelle, aus der heraus es sich zu leben lohnt. Die Taufe ist ein Protest gegen die Oberflächlichkeit unserer Zeit. Taufen heißt: Es lohnt sich nur der Weg nach innen, der Weg in die Tiefe, der Weg zu Gott.

Mit der Taufe drücken wir aber keineswegs etwas aus, das es sonst in der Welt nicht gäbe. Das wäre für unser heutiges Weltbild viel zu magisch. Dadurch, dass wir das Sakrament begehen und den Ritus feiern, kommen diese tieferen Wirklichkeiten für alle Anwesenden zur Geltung. So feiern wir, dass Gott unser Kind, so wie es ist, ohne jede Vorbedingung liebt. Gott liebt unser Kind natürlich auch schon vor der Taufe, so wie er auch die Ungetauften liebt. Aber in der Taufe nehmen wir eben diese Liebe Gottes dankbar an. Wir glauben: Gott, Gottes Geist, ist seit der Zeugung und vielleicht schon vorher, anwesend in diesem Kind. Unser Kind ist bis in die letzte Faser durchdrungen von Gottes Geist. Dieses Kind ist frei! Es gehört nicht den Eltern, sondern Gott. Es wird seinen eigenen Weg gehen.

Wir erinnern uns an Kahlil Gibrans »Prophet«, der häufig bei Taufen verlesen wird:

»Eure Kinder sind nicht eure Kinder. Es sind Söhne und Töchter von des Lebens Verlangen nach sich selbst.«[6]

Ähnlich drückt es auch der bekannte System- und Familientherapeut Bert Hellinger aus: »Ein Mensch kommt, genau genommen, nicht von den Eltern, sondern durch die Eltern. Das Leben kommt von weit her, und wir wissen nicht, was das ist. Das Hinschauen dorthin, das ist religiös.«[7]

Wir kommen von weit her – ob wir es nun Gott, Himmel, Mysterium oder das Unaussprechliche nennen – und wir kehren auch dorthin zurück. Die Angst, dass ein Kind vor den Eltern dorthin zurückkehrt, sitzt bei jedem Vater, bei jeder Mutter ganz tief. In der Taufe drücken wir deshalb diese Ängste auch aus. Als Eltern wissen wir, dass wir alleine letztlich machtlos sind und nicht jederzeit für unser Kind sorgen können.

Deshalb vertrauen wir Gott, dessen Schutz unser Kind von allen Seiten umgibt und der seine Hand über unser Kind hält (vgl. Ps 139). Zum anderen vertrauen wir unser Kind auch der Gemeinde an, denn wir wissen um das afrikanische Sprichwort: »Um ein Kind zu erziehen, braucht es ein ganzes Dorf.«

Chrisam

Pater Anselm Grün beschreibt in seinem ausgezeichneten, kleinen Büchlein zum Sakrament der Taufe sehr ausführlich die Salbung mit dem Chrisam. Da Chrisam sowohl bei der Taufe als auch bei der Firmung seine Verwendung findet, möchten wir hier näher darauf eingehen.

Chrisam ist ein Öl, das mit Balsam und Gewürzen vermischt wird und einen besonders guten Duft ausströmt. Im Judentum wurden Könige und Propheten damit gesalbt. Durch die Salbung mit Chrisam bei der Taufe und bei der Firmung kommt zum Ausdruck, dass wir königliche, prophetische und priesterliche Menschen sind.

Als königliche Menschen sind wir »Menschen, die über sich selbst herrschen und von niemandem beherrscht werden, die selber leben, anstatt gelebt zu werden, die mit sich selbst in Frieden sind und von denen daher auch Frieden ausgehen kann. Wir sind Menschen mit einer unantastbaren Würde, mit einer göttlichen Würde und Schönheit.«[8]

Ein Prophet ist ein Wahrsager. Das bedeutet nicht, dass ein Getaufter oder Gefirmter die Zukunft voraussehen kann und sie dann für Geld herumerzählt. Ein Wahrsager ist vielmehr einer, der die Wahrheit sagt, der ausspricht, was er denkt und fühlt. Ein Prophet, ob im ersten Testament oder heute ist ein »Wahrheit-Sager«, einer, der nicht schweigt, wenn Unrecht geschieht, nur damit er dem Zeitgeist und der Mode entspricht.

In Taufe und Firmung werden wir auch zu Priestern und Priesterinnen geweiht. Die frohe Botschaft im 1. Petrusbrief lautet: »Ihr aber seid ein auserwähltes Geschlecht, eine königliche Priesterschaft, ein heiliger Stamm, ein Volk, das sein besonderes Eigentum wurde« (1 Petr 2,9). Anselm Grün: »Der Priester ist für mich vor allem der Wandler. Er verwandelt Irdisches in Göttliches, er macht das Irdische durchlässig für Gott, er findet Gottes Spuren in der menschlichen Wirklichkeit.«[9]

In persönlichen Worten spricht Pater Anselm aus, was die vorgegebene Formulierung der Taufe meint: »Christus hat dir aus dem Wasser und dem Heiligen Geist neues Leben geschenkt. Er salbe dich zum Priester, damit du durchlässig wirst für Gottes Liebe, zum König, damit du als freier Mensch lebst, im Bewusstsein deiner göttlichen Würde, und zum Propheten, damit du das Wort verkündest, das Gott allein durch dich in dieser Welt zum Klingen bringen will.«[10]

Bei der Taufe, wie Anselm Grün sie beschreibt, werden nicht nur das Kind, sondern auch die Eltern und Paten mit Chrisam gesalbt. Auch sie sind ja priesterliche, königliche und prophetische Menschen. Das ist ein sehr schöner und sinnvoller Ritus, der durchaus auch vom Firmspender für den Firmpaten übernommen werden könnte.

Die Spiritualität der Firmung

Jeder Mensch ist schon im Mutterleib beseelt von Gottes Geistin. In der Firmung geht es also nicht darum, den Firmling mittels magischer Praktiken mit Gottes Geist von oben zu überschütten, sondern den wahren Geist, die Geistin Gottes, aus der Tiefe des Jugendlichen hervorzulocken. Oftmals ist nämlich Gottes Geist verschüttet vom Geist der modernen Leistungsgesellschaft, der Werbung und dem Verlangen, stets Spaß haben zu müssen.

Wir verwenden Gottes Geist, Gottes Geistin, abwechselnd in männlicher und weiblicher Form. »Ruach«, das hebräische Wort für Geist, ist weiblich. Im Griechischen wird Gottes Geist »pneuma« genannt, also sächlich und das lateinische Wort dafür ist »spiritus«, also männlich.

Das englische Wort »spirit« kann mit Geist, Sinn und Gesinnung übersetzt werden, aber auch mit Vitalität, Lebendigkeit, Mut und Temperament.[11] Spirituell leben heißt für den bekannten Autor Henry Nouwen: »Das innere Feuer zu hüten, den Hl. Geist als Glut in uns zu bewahren.«[12] Wer sein Feuer hütet und seine Glut bewahrt, kann innerlich nicht ausbrennen, erlebt kein »burn out«.

Gottes Heiliger Geist wird auch oft als Taube der Weisheit und des Friedens oder als starker Wind, der mich bewegt und alles Verstaubte aus mir herausbläst, oder wie im Johannesevangelium als unerschöpfliche Quelle belebenden Wassers, das in mir strömt, dargestellt oder beschrieben. Wir haben für uns das Symbol des inneren Feuers, das brennt und verwandelt gewählt, da es unserer Meinung noch am besten der Lebenssituation von Jugendlichen entspricht. Spielen doch gerade die Heranwachsenden in verstärktem Maße mit dem Feuer. Dieses innere Feuer spüren manche in der Brust, nahe dem Herzen, andere finden das »Feuer im Bauch« (Sam Keen), als Kraftquelle des Hara, Glut der Lebendigkeit. Dieses Feuer des Geistes, diese Heilige Glut brennt manchmal schwächer, dann wieder stärker.

Wir sind der Überzeugung, dass Gottes Geistin es ist, die die Pubertät bewirkt. Sie entfacht diese »heilige Krise«, mit dem Ziel, dass der Jugendliche mehr zu sich selber findet und zu sich selber steht. »Firmare« bedeutet nämlich nicht nur »bestärken«, sondern auch: »tauglich machen«, »zum Stehen bringen«, »Stehvermögen schenken«. Dieses Stehvermögen kommt von innen heraus. Gott steht zu uns, schenkt uns Ansehen, Gottes Geist steht auf uns, wie ein Verliebter oder eine Verliebte. Dadurch können wir zu uns selber stehen und werden frei.

Freiheit ist für Paulus die wichtigste Erfahrung, die ein aus dem Geist Lebender macht: »Der Herr ist Geist, und wo der Geist des Herrn wirkt, da ist Freiheit« (2 Kor 3,17) oder noch deutlicher: »Zur Freiheit hat uns Christus befreit.« (Gal 5, 1)

Wir, ob jugendlich oder erwachsen, müssen uns unseren Wert nicht durch Leistung oder gestylte Schönheit erkaufen und unsere Liebe nicht mit Anpassung bewirken. Wir haben eine unantastbare Würde und sollten nie vergessen, dass wir Königssöhne und Königstöchter sind, wie es Martin Buber in seinem Chassidim erzählt. Paulus sagt sogar: »Alle, die sich vom Geist Gottes leiten lassen, sind Söhne und Töchter Gottes.« (Röm 8, 15)

So ist der Christ, die Christin nach Paulus der freie Mensch. Er spürt das Ansehen Gottes, kann zu sich selber stehen und aufrecht seinen ureigenen Weg durch das Leben gehen. Pater Anselm Grün meint: »Wer ständig die Erwartungen anderer erfüllen muss, um sich überhaupt als Mensch fühlen zu können, der ist Sklave. Er gibt anderen Macht über sich. Wer aus dem Geist lebt, der gibt dem anderen keine Macht mehr.«[13] Oder vielleicht doch wieder bei Paulus: »Alles ist dir erlaubt, doch nicht alles nützt dir. Alles ist dir erlaubt, doch nichts soll Macht über dich gewinnen« (1 Kor 6,12). Die Freiheit die aus einer solchen Spiritualität entsteht, meint eben nicht, dass ich tun und lassen kann, was ich will. Freiheit heißt vielmehr: »Ich kann so sein, wie ich bin.« So ist Freiheit nicht etwas, das ich mir nur erkämpfen muss – obwohl das durchaus manchmal notwendig ist –, Freiheit, so verstanden, ist in erster Linie ein Geschenk. Ich kann sein, wie ich bin, darf sagen, was ich denke und fühle.

Gott, PartnerIn, Eltern, LehrerInnen, Priester, Vorgesetzte verzichten darauf, mich zu verändern, mich nach ihrem Bild zu gestalten. Wenn ich diese Freiheit geschenkt bekomme, erwächst daraus meine Verantwortung, auch sorgsam mit meiner Freiheit und der Freiheit anderer umzugehen. Freiheit und Verantwortung gehören ganz eng zusammen. Dazu weiter unten.

Ein weiteres beliebtes Thema von Firmvorbereitungen sind die sieben Gaben des Heiligen Geistes: Der Geist der Weisheit, der Einsicht, des Rates, der Erkenntnis, der Stärke, der Gottesfurcht und der Frömmigkeit (vgl. 1 Kor 12, 8–10). Oder auch die Früchte der Geistin Gottes: »Die Frucht des Geistes aber ist Liebe, Friede, Langmut, Freundlichkeit, Güte, Treue, Sanftmut und Selbstbeherrschung.« (Gal 5,22)

Wir haben die Erfahrung gemacht, dass Zwölf- bis Sechzehnjährige mit diesen Gaben und Früchten nur zum Teil etwas anfangen können. Ihre Lebenswelt ist meist eine andere. Wir empfehlen deshalb diese beiden schönen Bibelstellen zum Geist Gottes eher mit Erwachsenen zu meditieren und reflektieren. Gerade zur Lebensmitte ist es spirituell sinnvoll, sich vom Geist Gottes rütteln und stärken zu lassen, ist doch die Krise der Lebensmitte – wie schon bei der Pubertät erwähnt – hervorgerufen vom Heiligen Geist (Tauler). In der Krise der Lebensmitte geht es ihm um einen inneren Führungswechsel, dass wir im Vertrauen auf Gottes Führung die Zügel des Machens loslassen.

Firmung – Kinder stark werden lassen

*Bei allem,
was man dem Kind beibringt,
hindert man es,
es selbst zu entdecken.*

Jean Piaget

In der Pädagogik gilt oft die Erziehungsabsicht: »Kinder stark machen.« Nach unserem Verständnis können wir aber Kinder nicht stark machen, sondern nur eine Atmosphäre schaffen, in der Kinder selbst forschen, suchen und Fehler machen können. Dadurch erhalten sie eine Unterstützung, selbst an Stärke zu gewinnen und so ihre Begabung und ihren Lebenssinn zu entfalten.

Wir verstehen gerade die Pubertät als eine Zeit, in der die Heranwachsenden verstärkt auf der Suche nach ihrer Identität, ihrem »Eigen-Sinn« sind. In vielen Erziehungsratgebern und auch bei einer Vielzahl von Eltern wird die Pubertät als schwierige Phase für Eltern und Kind dargestellt.

Wir, und viele Jugendliche, die wir kennen, erleben aber den Begriff »Phase« als abwertend: »Du bist halt in einer schwierigen Phase. Das geht vorüber. In zwei, drei Jahren bist du wieder normal!«

Heranwachsende fühlen sich durch solches Gerede nicht ernst genommen. Wir sprechen deshalb lieber von der Pubertät als wesentlichem »Lebensprozess«. Es ist die notwendige biologische Entwicklung und persönliche Entfaltung vom Kind zum Erwachsenen. Pubertät ist Krise und Chance. Firmung und Initiation ist die »Feier der Bestärkung« dieses entscheidenden Lebensprozesses.

Hierbei ist die Begleitung durch wohlwollende und den Jugendlichen freundlich gesinnte Erwachsene von enormer Bedeutung.

Die Haltung der Firmbegleiter und Firmbegleiterinnen

»In unserer Kultur gibt es zwei Modelle, wie Erziehung gesehen werden kann. Es ist der alte philosophische Streit zwischen Sokrates und Plato«, schreibt Gerald Koller und erläutert weiter: »Plato beruft sich in seiner Philosophie auf einen Weisen, dessen Aufgabe es sei, die weniger Weisen in den Zustand der Weisheit zu erziehen ... Dieses platonische Modell hat sich im Abendland durchgesetzt. Ist es ja hervorragend zum Aufbau und zur Erhaltung von Macht geeignet.«[14]

Dagegen ist das Modell des Sokrates mehr auf Beziehung aus – und baut daher nicht auf Macht auf. Sokrates sagt: »Du suchst, und ich suche. Gehen wir also gemeinsam suchen!« Und er folgert: »Nur in der gemeinsamen Suche ist Wahrheit zu finden.«

Diesen Gedanken griff auch die hervorragende Pädagogin und Ärztin Maria Montessori vor über hundert Jahren auf und entwickelte die »indirekte Erziehung«. Sie forderte in der Schule ganz leidenschaftlich eine »Umkehr zum Kind« und meint: »In Wirklichkeit trägt das Kind den Schlüssel zu seinem rätselhaften individuellen Dasein von allem Anfang in sich. Es verfügt über einen inneren Bauplan der Seele und über vorbestimmte Richtlinien für seine Entwicklung.«[15]

Um diese Entwicklung zu gewährleisten, fordert sie zweierlei:

● Eine vorbereitete Umgebung
● Die freie Wahl

Gerade in der religiösen Erziehung geht es ihr nicht darum, dem Kind Religion zu vermitteln. Vielmehr müssen wir eine Umgebung vorbereiten, in der das Kind, der Jugendliche selbst auf die Suche geht. In solchen Freiräumen haben Heranwachsende die Chance, sich selbstständig und in Freiheit mit ihren Problemen zu beschäftigen und Lösungen zu finden. Montessori erklärt dabei: »Die Freiheit der Wahl war das Erste der Vorrechte in meinem Erziehungskonzept ... Die Freiheit der Wahl führt zur Würde des Menschen.«[16]

In der Firmvorbereitung heißt dies: Im Firmbuch werden zwar Themen und Inhalte angegangen, die mit großer Wahrscheinlichkeit den Bedürfnissen Jugendlicher entsprechen, doch kann es sein, dass eine Gruppe oder einzelne Firmlinge sich gerade heute mit einem ganz anderen Thema beschäftigen wollen. Dem ist selbstverständlich Vorrang zu geben.

Ein weiterer wesentlicher Gedanke Montessoris ist die »Schaukraft der Liebe«. Wir sollen bei Heranwachsenden nicht Ausschau nach Fehlern halten und nur das betrachten, was von außen zu sehen ist, sondern unseren Blick auf das richten, was noch im Verborgenen liegt, also auf die Stärken des Kindes, seine Möglichkeiten, seine Hoffnungen. Wenn wir mit Liebe auf unsere Firmlinge schauen, bemerken wir vielleicht etwas, das andere und die Firmlinge selbst (noch) nicht sehen. Dies kann dazu führen, dass gewisse Einsichten und Kräfte erst in der Firmgruppe zum Vorschein kommen. Und das wäre ein Segen, denn: »Segnen bedeutet, die besten Kräfte, die in jemandem vorhanden sind, hinaufholen und respektieren.«[17]

In der Begleitung von Firmgruppen braucht es Firmbegleiter, die selbst Suchende sein sollten, die auf Grund ihrer Erfahrungen im Suchen befähigt sind, junge suchende Menschen zu begleiten.

Als Begleiter sollten wir uns in der Zurückhaltung üben. Es ist besser, den Jugendlichen zuzuhören, sie in ihren hitzigen Diskussionen zu beobachten und vor allem nicht zu bewerten. Erwachsene sind verantwortlich für die Qualität des Gesprächs, damit niemand abgewertet oder verletzt wird. Mit der eigenen Meinung sollten sie sehr sorgsam umgehen.

Wir brauchen die Jugend nicht zu missionieren, ihnen die »richtige« Meinung lehren. Die Jugendlichen brauchen unsere Zeit, unseren Raum und unsere Teilnahme, damit sie selbst auf die Suche gehen können. Wenn wir sie mit der Schaukraft der Liebe betrachten, wird sich das Wesentliche zeigen.

Eltern stark werden lassen

Die Firmung ist nicht nur eine Stärkung für die Kinder und Jugendlichen. In der Firmvorbereitung begegnen wir vielen Eltern. Besonders mit den FirmbegleiterInnen entsteht häufig ein sehr schöner und intensiver Kontakt. Wir stellten fest, dass viele Eltern durch ihre pubertierenden Kinder sehr verunsichert sind. Deshalb sind wir der Auffassung, dass auch Eltern begleitet und gestärkt werden müssen; denn nicht nur Kinder, auch Eltern »pubertieren«. Dazu im praktischen Teil mehr.

Sehr konkrete Anregungen fanden wir in Jesper Juuls Buch »Das kompetente Kind«. Er schreibt, dass in der Kindererziehung früherer

Generationen die Kinder am Ende so sein sollten, wie die Eltern versucht hatten, sie zu formen. Dadurch entstanden Konflikte und schuld war das »Alter«, die »Hormone« oder beides.

Doch die Pubertät ist nicht die Ursache für Konflikte mit den Eltern oder Lehrern. »Den Konflikten liegen mehr die fehlende Fähigkeit und der mangelnde Wille der Eltern zugrunde, ihrem Kind als dem einzigartigen und selbstständigen Menschen zu begegnen, das es zu werden beginnt«.[18]

Weiter betont Juul, dass Eltern in einer platonischen Erziehung häufig zwei Botschaften aussenden.

Die erste Botschaft lautet:

»Ich weiß, was gut für dich ist!«

Die Pubertierenden sind vollauf damit beschäftigt, herauszufinden, wer sie eigentlich sind. Deshalb ist es entweder provozierend oder unsinnig, wenn die eigenen Eltern versuchen, einem die Antwort zu geben.

Die zweite Botschaft lautet:

»Ich bin nicht zufrieden mit dir, so wie du bist!«

Genau zu dem Zeitpunkt damit konfrontiert zu werden, wo man erstens selber nicht weiß, wer man eigentlich ist, und zweitens nicht sicher ist, wie gern man sich selber mag, ist unerträglich.[19]

Es ist das biologische Los der Kinder, erwachsen zu werden. Eltern sollten nun lernen, sich zurückzulehnen und das Resultat der Anstrengungen der letzten Jahre zu genießen. Beziehung statt Erziehung, könnte der Slogan nun sein.

Dabei könnten sie mit der Schaukraft der Liebe ihre Heranwachsenden beobachten und dadurch Impulse erhalten für einen Reifeprozess ihrer eigenen Persönlichkeit. Eltern könnten ihren pubertierenden Kindern abschauen, wie diese den Bewegungen ihres Herzens, ihres eigenen »spirits« nachspüren und oft nachjagen. Denn mit der Arbeit und Sorge um ihre kleinen Kinder haben Eltern vielfach den Zugang zu ihrer eigenen Lebendigkeit verloren.

So kann die Pubertät des eigenen Kindes zur Chance werden, die ureigenen Sehnsüchte, das eigene innere Feuer, (wieder) zu entdecken und zu entfalten. Dies führt die Eltern zu mehr Freiheit und zum Kern des Glücks: Sei der du bist!

Einführung in die Kunst des Lebens

> *Der Kern des Glücks:*
> *Sei der du bist*
>
> Erasmus v. Rotterdam

Wie wir gesehen haben, ist die Firmung zum einen die Vollendung der Taufe und zum anderen in der Praxis der Jugendfirmung auch das Schwellen-Sakrament zwischen Kindheit und Erwachsenen- oder besser Jugendalter.

Firmung und Firmvorbereitung bietet den Kirchen die Möglichkeit, die Heranwachsenden in die Kunst des Lebens einzuführen. Ein zentrales Bedürfnis Jugendlicher ist es, in kleinen Gruppen viel miteinander zu reden und der tief religiösen Frage nachzugehen: »Wer bin ich in dieser Welt?« Die Jugendlichen vertrauen hier oftmals mehr den Gleichaltrigen, anderen Erwachsenen und ihrer eigenen Inspiration als den leiblichen Eltern und Erziehungsberechtigten. Die Firmgruppe mit der meist kleinen TeilnehmerInnenzahl bildet hier eine gute Chance, dass Jugendliche gemeinsam mit erwachsenen Firmbegleitern und Firmbegleiterinnen sich über die eigene Identität klarer werden. Dies ist eine wesentliche Aufgabe und schöne Herausforderung für alle Beteiligten: Wer bin ich? Was ist meine wahre Identität? Was fühle ich? Was denke ich, wenn ich mich nicht nach den anderen richte? Was ist mein Lebenstraum? Was möchte ich mit meinem Leben ausdrücken? Welche Gefühle tauchen in mir auf, wenn ich alleine bin? Wer oder was macht mir Angst? Kann ich zu mir selber stehen? usw.

Eine weitere Herausforderung ist die Frage nach dem Sinn des Lebens. Wofür lohnt es sich zu leben? Wofür lohnt es sich zu sterben? Spielt Gott oder sonst etwas Größeres eine Rolle in meinem Leben? Was ist der Kern des Glücks?

Die Firmung ist das Sakrament der Wandlung vom Kind zum Erwachsenen. Das Kind stirbt und wird als Gestärkter auferweckt. Hier wird das Pessah-Mysterium, das Ostergeheimnis von Tod und Auferweckung Jesu Christi, hautnah miterlebt. Gerald Koller bemerkt dazu: »Auf den schmerzensreichen Abschied des Karfreitags folgt nicht der triumphale Ostersonntag auf dem Fuß – nein, da ist der Karsamstag, › ein Tag wie Blei, ein Tag ohne Hoffnung‹, wie die Autorin Luise Rinser schreibt.«[20]

»Pubertät – vier Jahre Karsamstag« (Koller). Heranwachsende brauchen diese Zeit, um von der Krise »weich gekocht« zu werden und sie brauchen die Gemeinschaft der Erwachsenen, um stark, offen und neu zu werden. Rituale geben hier Orientierung und Halt. Sie schaffen Klarheit in den stürmischen Zeiten des Umbruchs. Rituale akzeptieren und integrieren das Chaos und helfen Ordnung zu entwickeln.

Ein wichtiges Thema des »Karsamstags« ist die Trauerarbeit. Der Verlust der Kindheit hat damit zu tun, dass wir Liebgewonnenes loslassen müssen, manch kindliches Verhalten begraben und darum trauern. Zum anderen ist es wichtig, zurückzuschauen und für all die Liebe und das Gute in würdiger Form zu danken, dass wir »anerkennen, was ist« (Hellinger). Der Verlust der Kindheit bringt auf der anderen Seite den Gewinn des Jugend- und Erwachsenenstatus'. Dieser Gewinn lässt sich beschreiben als ein Mehr an Freiheit und ein Mehr an Verantwortung.

Freiheit und Verantwortung

Pater Anselm Grün wird in zahlreichen seiner Bücher nicht müde, vor den zwei herausragenden Haltungen unserer Zeit zu warnen: der Infantilisierung und der Victimisierung.

Viele Menschen bleiben »infantil«, bleiben in der Haltung eines Kindes stecken, leben in einer »kindlichen Gesellschaft« (Bly). Sie haben Erwartungen an die Mutter, die Gesellschaft, wollen wie ein Kind versorgt werden mit »Brot und Spielen« und übernehmen keine Verantwortung für die anderen.

»Victima« heißt Opfer. Viele Menschen fühlen sich heute in der Rolle des Opfers. Meine Eltern sind schuld an meiner Sucht oder an meinen Depressionen. Meine Lehrer sind schuld, dass ich mein kreatives Potenzial nicht entfalten konnte. Die Kirchen sind schuld, dass ich in meiner Sexualität so gehemmt bin. Die Ausländer sind schuld, dass ich solch eine kleine Wohnung habe. »Wenn ich in dieser Haltung der Victimisierung stecken bleibe, weigere ich mich, die Verantwortung für mein Leben zu übernehmen … Zum Erwachsenwerden aber gehört es, dass ich mein Leben selbst verantworte.«[21]

Als freier Mensch – Erwachsener oder Jugendlicher – muss ich anerkennen, was ist. Meine Herkunft, meine Geschichte, mein Geworden-Sein muss ich dankbar und in Würde annehmen.

In der Anerkennung von dem, was ist, kann ich Verantwortung übernehmen. Die erste Verantwortung ist die Verantwortung für mich selbst. Ich bin verantwortlich für mein Aussehen, für meine innere Stimmung, für meine persönliche Entwicklung. Ich bin verantwortlich, ob ich selbst mein Leben lebe oder ob ich bloß überlebe in dieser Fülle von Anforderungen und Ablenkungen. Ich bin verantwortlich für die Ordnung und das Chaos in meinem Zimmer. Als freier Mensch bin ich verantwortlich, ob ich mich anpasse oder meinen ureigenen Weg gehe.

Firmlinge sollten durch die Firmung zu Hause mehr Freiheit erhalten und auch mehr Verantwortung übernehmen. So könnten zum Beispiel als Zeichen der Freiheit die Ausgehzeiten verlängert oder das Taschengeld erhöht werden. Ab dem Firmtag könnte der Firmling gleichzeitig die Verantwortung für einen Bereich im Haushalt übernehmen. Es ist nicht sinnvoll, wenn die Kirchen die Firmlinge als neue Erwachsene feiern, daheim werden sie aber weiterhin als Kinder behandelt und übermäßig umsorgt. Einen Elternbrief dazu und die Einladung zu einem Ritual finden Sie im praktischen Teil (S. 63).

Verantwortung können die Heranwachsenden auch in der Firmgruppe übernehmen. Zum Beispiel können sie ein Fest gestalten und dabei gemeinsam kochen und die Speisen und Getränke vorher selbst organisieren. Firmlinge, die gemeinsam zur Schule gehen, können sich gegenseitig bestärken, ihren eigenen Weg zu gehen.

Das Einstehen für Schwächere, die Hilfe brauchen, für Außenseiter, die gehänselt werden, für Ausländer, die nicht integriert sind, wäre zusätzlich Verantwortung übernehmen in der sozialen Welt der Jugend.

Das Prinzip der freien Wahl

Firmbegleitung ist Seelenbegleitung. Das Prinzip der freien Wahl ist ein wichtiger Moment in der Begleitung von Jugendlichen und Kindern überhaupt. Wir haben deshalb ein Modell entwickelt, das auf Freiwilligkeit basiert, das aber den Firmbegleitern und -begleiterinnen auch eine inhaltliche Hilfe bietet.

Claudia Guggemos und Stefan Karbach aus der Pfarrei Wernau gehen dabei seit mehreren Jahren einen besonderen Weg: Ob sich die Jugendlichen »auf die Firmung ausschließlich durch ein persönliches Anmeldegespräch oder durch die Teilnahme an Gruppenprozessen vorbereiten wollen, entscheiden sie selbst. Zugespitzt formuliert: Manche Jugendliche führen zur Vorbereitung auf die Firmung tatsächlich nur ein halbstündiges Gespräch!«[22]

Zusätzlich gibt es in Wernau unterschiedlichste Angebote: Sowohl die Firmgruppe wird selbst bestimmt, gemeinsam mit dem Leiter oder der Leiterin, als auch Ort, Zeit und Inhalt der Gruppenstunden. Es besteht kein vorgegebenes Pflichtprogramm, sondern alle in der Gruppe bringen das ein, was ihr Leben bestimmt. Natürlich stehen dabei Fragen der Identitätsfindung im Vordergrund: »Auseinandersetzungen mit den Eltern, Freundschaft, Liebe und Sexualität, Schule und Berufswahl, eigene Fähigkeiten und Grenzen etc. Die Frage nach der Bedeutung der Firmung und der Wunsch, sich im Meditieren zu versuchen, tauchen dabei auch immer wieder auf. Andere explizit religiöse Inhalte dagegen selten. Manchmal kann es aber gelingen, die Lebensfragen der Jugendlichen auf größere und religiöse Deutungszusammenhänge hin transparent zu machen.«[23] Interessant ist, dass im ersten

Jahr dieses Modells in Wernau 50 % der Jugendlichen das halbstündige Gespräch, im zweiten Jahr allerdings nur mehr 15 % diese Form wählten. Zudem entstanden aus diesen Einzelgesprächen nicht selten seelsorgerliche Gespräche, die auch in längere Begleitungen mündeten. Auch disziplinäre Probleme konnten dadurch von Beginn an gar nicht entstehen.

Sich auf nicht planbare Gruppenprozesse einzulassen, ist sehr anspruchsvoll und bedarf einer hohen pädagogischen Kompetenz seitens der Gruppenleiter und -leiterinnen. Ebenso notwendig ist eine gute Begleitung seitens der Hauptamtlichen. Unser Firmbuch für Mädchen und Jungen will hier eine kleine Hilfestellung sein.

Schon bei der Einladung zum Firminformationsabend ist es uns wichtig, die FirmkandidatInnen in den Mittelpunkt zu stellen. So ergeht die Einladung an die Firmlinge selbst. Sie sind diejenigen, die entscheiden sollen. Die Eltern, die mit dabei sind, haben lediglich eine beratende Funktion.

So bestärkt das Prinzip der freien Wahl die Firmlinge, selbst zu entscheiden. Mit wem will ich in der Gruppe sein? Wer leitet die Gruppe? Wie oft, wann und wo soll sich unsere Gruppe treffen und worüber wollen wir reden? Weiter hat jeder und jede die freie Wahl, ob er oder sie an einem biblischen Samstag Nachmittag dabei sein will oder nicht. Zusätzlich besteht die freie Teilnahme an einem initiatorischen Wochenende, gemeinsam mit dem Paten oder der Patin.

Bei all diesen Freiheiten stellten wir fest, dass wir als Firmverantwortliche sehr oft den Bedürfnissen der Jugendlichen nachkommen können, dass es zum Teil sogar eine Arbeitserleichterung ist (zum Beispiel die Suche nach FirmbegleiterInnen). Eine Firmung mit größtmöglicher Partizipation der Firmlinge schafft eine Atmosphäre, die Heranwachsende stark werden lässt.

Was uns im ersten Jahr (1994), als wir dieses Modell initiierten, erstaunte, war, dass sich Jugendliche, besonders in der Pubertät, in einer gleichgeschlechtlichen Gruppe wohler fühlen als in einer gemischten.

Geschlechtsspezifische Freiräume

Der äußere Raum
schützt den inneren Raum.

Wagner-Rau

In der Firmung feiern wir nicht nur, dass Kinder junge Erwachsene werden. Wir feiern, dass Mädchen junge Frauen und Jungen junge Männer werden. In den Firmgruppen, an den biblischen Nachmittagen und vor allem an den Initiationswochenenden haben sich geschlechtsspezifische Gruppen bewährt.

Es zeigt sich, dass in der Zeit der Ausprägung und Festigung geschlechtlicher Identität die Probleme von Mädchen und Jungen sehr unterschiedlich sind und deshalb auch geschlechtsspezifisch behandelt werden sollten (Braun). Heranwachsenden sollten wir Freiräume zur Verfügung stellen, in denen sie ihre Kraft, ihre Sexualität und ihren »Eigen-Sinn« entfalten können. Zugleich brauchen sie Schutz und Liebe in »ihrem« Raum. Der äußere, vorbereitete Raum kann das Wohnzimmer des Firmbegleiters sein, ein vertrauter Raum in der Natur oder ein von der Pfarrei zur Verfügung gestellter Raum. »Der äußere Raum schützt den inneren Raum.«[24]

Um eine Frau zu werden, um ein Mann zu werden, Lebensperspektiven und Selbstbewusstsein zu entwickeln, benötigen Jugendliche die Bestätigung durch vertraute, gleichgeschlechtliche Erwachsene. Frauen für diese Arbeit zu gewinnen, ist in den meisten Pfarreien recht einfach. Aber auch immer mehr Männer engagieren sich für eine solche spirituelle und erzieherische Aufgabe.

Männer teilen mit den Jungen die Beseelung, die sie durch die Politik, den Sport, die Hobbys oder die Religion spüren, und sie führen sie in die Welt der Mythen ein.

Frauen führen die Mädchen in die Weisheit der Frauen ein, reflektieren die Rollen als Frau in der Gesellschaft und leisten im besonderen Maße bewusst Körperarbeit, um den Mädchen eine Beheimatung im eigenen Körper zu ermöglichen.

Das wäre wirklich eine Stärkung beim Mannwerden und Frauwerden. Die Zusicherung: »Du bist o.k., so wie du bist! Mit deinen Stärken und Schwächen, deinem Aussehen, deinen erotischen Fantasien und allem, was du bist!«

Dies ist die Haltung Jesu. Vor jedem Imperativ (»Du sollst ...!«, »Du musst ...!«), gilt die indikative Liebe Gottes, die Liebe ohne Vorbedingung.

Firmung und Initiation

*Die Initiation fordert
den jungen Menschen dazu auf,
ein Liebender zu werden.*

Robert Bly

Die heilsame Kraft der Rituale

In allen alten Kulturen und Stammesgesellschaften, bei den einfachsten Jägern und Fischern, unter den Bauern und gebildeten Stadtbewohnern, bei Kriegervölkern und bei solchen, die niemals im Zorn getötet haben, unternahmen die Erwachsenen zwei Dinge, um den Jugendlichen das Erwachsenwerden zu erleichtern:

Zum einen suchten sie einen oder mehrere Mentoren, die die Jugendlichen mit den wichtigsten Überlebenstechniken der betreffenden Kultur vertraut machten, denn sie wussten, dass Eltern ihre Heranwachsenden nicht allein, ohne die Unterstützung anderer vertrauenswürdiger und langfristig mitwirkender Erwachsener erziehen können. Eine Studie dazu hat zum Beispiel ergeben, dass Jugendliche, die auf nur einen erwachsenen guten Freund außerhalb der Familie zurückgreifen können, signifikant seltener kriminell werden. Steve Biddulph schreibt dazu: »Das Schlimmste, was wir Heranwachsenden antun können, ist, sie allein zu lassen ... Eine Gruppe, die nur aus Gleichaltrigen besteht ist nicht genug. Vielleicht ist sie nur eine Gemeinschaft verlorener Seelen.«[25]

Zum anderen führten eben diese Mentoren die Heranwachsenden aus der alltäglichen Gemeinschaft heraus und feierten das Initiationsritual, die Einweihung der Jugendlichen in die Welt der Erwachsenen. Diese Rituale bzw. Ritualzyklen dauerten zwischen sechs Wochen und eineinhalb Jahre.

Malidoma Some, ein afrikanischer Schamane aus dem Volk der Dagara in Burkina Faso, beschreibt in seinem Buch »Die Weisheit Afrikas«, dass der Sinn der Initiation in seinem Volk die Erinnerung an den eigenen Lebenssinn ist. Nach Vorstellung der Dagara hat jeder Mensch seinen Sinn schon entworfen, bevor er in die Gemeinschaft des Dorfes eintritt. »Am Anfang des Lebens befinden wir uns noch an einem Ort, an dem wir das klare Gefühl haben, etwas Bestimmtes tun zu müssen.«[26] Jeder Mensch kommt also mit einem Lebenssinn auf die Welt. Im Wesentlichen besteht er darin, Schönheit, Harmonie und Gemeinsamkeit auf der Erde zu verbreiten.

Der Vorgang der Geburt löscht die Erinnerung an dieses Ziel leicht aus. Die Kälte der Welt und der Daseinskampf, mit dem die Kinder meistens konfrontiert sind, nimmt oft den Mut, diesen Sinn weiter zu verfolgen.

»Besonders riskant sind die Zeiten innerer Veränderung in der Jugend. Auf jeden Fall vermindern sie das Gefühl für den Lebenssinn, was

bis zum völligen Vergessen führen kann.«[27] In der Pubertät sind daher ganz spezielle Rituale erforderlich, um den Jugendlichen wieder mit seinem Feuer und seinem Lebenssinn zu verbinden. Fehlt der Kontakt zu diesem inneren Feuer und zur eigenen Mitte, so werden Jugendliche lustlos tun, was andere von ihnen erwarten. Ihr »Inter-esse«, ihr »Dabei-Sein« mit der ganzen Person geht verloren.

Verena Kast schreibt in ihrer Analyse über Interesse und Langeweile, dass die Menschen ihre »Lebendigkeit, die durch ein Sich-Interessieren entsteht, ersetzen durch Situationen, die uns erregen, und da die Erregung nicht nachhaltig ist, müssen es immer aufregendere Lebenssituationen sein, die gesucht werden, die ihrerseits ganz rasch wieder zu Gewohnheiten werden, und gerade den Kitzel, den sie eigentlich bringen sollten, nicht mehr bringen.«[28] Damit beschreibt sie ein durchaus gesellschaftliches Problem. Immer mehr Menschen suchen nach dem aufregenden Kick und machen Überstunden, um sich solche

Abenteuer leisten zu können. Dabei ginge es eigentlich nur darum, sich nach innen zu wenden, zum eigenen heiligen Feuer und sich daran zu erinnern, an den ureigenen Lebenssinn. Nach Auffassung der Dagara und der meisten Stammesvölker bedeutet Lernen nämlich, sich zu erinnern, was man schon weiß. Dies deckt sich mit der Pädagogik von Maria Montessori. Sie entdeckte Anfang des letzten Jahrhunderts durch wissenschaftliche Beobachtung, dass Kinder einen inneren Bauplan besitzen. Sie vergleicht diesen inneren Bauplan mit dem Wachsen eines Samenkorns. In einem Weizenkorn stecken bereits alle Informationen, die der Weizen zum Wachsen und Reifen braucht. Aus einem Weizenkorn wird niemals eine Gerste. Das Weizenkorn braucht einen lockeren, nährstoffreichen Boden, Wasser und Sonne, um zu wachsen. Damit ein Kind wachsen und reifen kann, können wir Erwachsenen nur »den Boden bereiten« und ihm genügend Feuchtigkeit geben. Wir können unseren Kindern nur eine entspannte und vorbereitete Umgebung anbieten, damit es sich an seinen Wesenskern erinnern und sich in Freiheit entfalten kann.

Bei der Initiation gibt es nun einen grundsätzlich unterschiedlichen Weg für Jungen und Mädchen.

Initiation von Jungen

Gib einem Mann keine Waffe,
ehe du ihm nicht das Tanzen gelehrt hast.

Keltisches Sprichwort

In der Einweihung der Jungen in die Gemeinschaft der Männer geschah und geschieht in den unterschiedlichsten Kulturen etwas für uns sehr Unverständliches. Die Jungen werden meist körperlich, durch Zufügen und Aushalten von Schmerz, Angst und Schrecken, an ihre Grenzen gebracht. Dabei gilt: Je härter die Umwelt und je knapper die Ressourcen, umso nachdrücklicher wird Männlichkeit gefordert. So wurden Jungen zum Beispiel von Männern ausgepeitscht, ein Zahn ausgeschlagen oder angefeilt, sie wurden zeremoniell beschnitten oder es wurde ihnen auf irgendeine Weise eine Wunde zugefügt.

In ähnlicher Weise gab es vor dem Zweiten Vatikanischen Konzil den Backenstreich der Firmung durch den Bischof. Die Ohrfeige sollte den Firmling daran erinnern, dass ihm der Heilige Geist gegeben wurde. Ebenso gab es den Ritus, dass der Pate dem Firmling auf den Fuß treten sollte. »Offensichtlich sollte die schmerzliche Erinnerung an diesen Fußtritt das Gespür dafür wach halten, dass man das Sakrament der Firmung empfangen habe und dass da noch ein anderer Geist in einem sei als das alltägliche Einerlei.«[29]

Der Ritus des Fußtritts weist übrigens noch auf einen weiteren Aspekt hin: Häufig war die Wunde der Initiation im Bereich des Schenkels, so bei Odysseus, dessen lateinischer Name Ulixes wörtlich »Schenkelwunde« bedeutet, oder bei Jakob, der aus seinem Kampf am Jabbok hinkend hervorging. Ebenso hinkte der erfinderische griechische Gott Hephaistos und Zeus gebar seinen Sohn Dionysos aus einer Wunde seines Schenkels. Die Wunde des Mannes, geschlagen an der Stelle, die bei der Frau dem Schoß am nächsten liegt, wird somit zu dem Ort, aus dem Neues hervorgeht, an dem Erfindungsreichtum und Entwicklung geschieht.

In einem zweiten Teil der Initiation wurden die Jungen in die geheimen Mythen der Männer eingeführt. Es gab kraftvolle und zärtliche Berührung, Tanz und Ekstase. Der Junge musste zuerst tanzen lernen, bevor er sein Schwert erhielt.

Die Initiation sollte den Tod des Jungen, der sich nach der kindlichen Geborgenheit der Mutter sehnt, bewirken, um seine Auferweckung als erwachsener Mann, der sich kraftvoll und entschlossen, demütig und verantwortungsbewusst um die Anliegen der dörflichen Gemeinschaft sorgt, zu feiern. Diese Anliegen nennt David Gillmore in seinem Buch die »imperative Triade«: »Erzeuger – Beschützer – Versorger«.[30] Ein Mann muss, um in den meisten Kulturen als Mann zu gelten, Kinder zeugen, seine Abhängigen vor Gefahren schützen und die gesamte Familie und Verwandtschaft versorgen.

Der Franziskanerpater und Pionier der christlichen Männerbewegung in den USA, Richard Rohr schreibt: »Der Grund, warum vor allem Männer initiiert werden mussten, war der, dass der gesellschaftlich Mächtige lernen musste, demütig zu sein.«[31]

Demut wird heute oft missverstanden, weil die meisten nur noch das Verb »demütigen« kennen. Deshalb verwende ich gerne statt dem Wort Demut, das veraltete Wort »Humilität« (engl. humility). Es hat mit Humus, mit Erde zu tun. Ein demütiger, humiler Mensch weiß, dass er aus Erde ist und auch dorthin zurückkehrt. Er kennt seinen angemessenen Platz. Ein demütiger Mann muss sich weder mit außerordentlicher Leistung in Schule, Beruf oder Sport noch mit einem »gestylten Body« hervortun. Humilität hängt mit Humus, also guter Erde, zusammen. Humilität ist Erdverbundenheit.

Als erdverbundener Mensch kennt er seine Grenzen. Er weiß um seine Kleinheit und er kann sich unter »etwas Größeres« stellen. Und nur jemand, der das Größere akzeptiert, kann im

Leben Sinn erfahren. Viele Menschen finden heute keinen Sinn, weil sie sich selbst zu wichtig nehmen müssen, Mittelpunkt sind, und nichts Größeres annehmen.

Zugleich hat Humilität, Humus mit Humanität – Menschlichkeit zu tun. Ein demütiger Mensch wird die Sorgen und Nöte anderer erkennen, kann sich hineinfühlen in andere und wird so eine humane, mitmenschliche Hilfe sein zum Wohle der Gemeinschaft.

Weiter ist Humilität verwandt mit Humor. Humor bedeutet eigentlich »Feuchtigkeit der Erde«. Humor macht nicht nur den Humus feucht, sondern auch den Menschen humil und mild.

Initiation von Mädchen

*Eine Mutter kann ihrem Kind
kaum ein größeres Geschenk machen,
als ihm das Gefühl zu vermitteln,
dass es sich auf seine Intuition
verlassen kann.*

Clarissa Pinkola Estés

David Gilmore, Professor für Anthropologie an der State University of New York, meint: Echte Weiblichkeit bedarf »selten irgendwelcher Prüfungen oder Beweise in Form von Taten oder Auseinandersetzungen mit gefährlichen Feinden ... Vielmehr wird Weiblichkeit häufiger als biologische Begebenheit vorausgesetzt, die mit kulturellen Mitteln verfeinert oder verstärkt wird«.[32]

Ein Mädchen wird also in den verschiedensten, traditionellen Kulturen aus sich heraus zur Frau. Sie braucht sich nicht wie Jungen in Mutproben, im Aushalten von Schmerzen und dergleichen zu beweisen. Trotzdem braucht ein Mädchen, um zur Frau zu werden, die Begleitung und Unterstützung von erwachsenen, weisen Frauen.

Clarissa Pinkola Estés nennt die Intuition eine der kostbarsten Gaben der Frau. Weibliche Intuition ist eine angeborene visionäre Kraft, »eine weissagende, tonlose Stimme, die jede Frau unsichtbar begleitet und ihr mit nahezu unheim-

lich anmutender Präzision sagen kann, was Wahrheit und was Täuschung ist«.[33]

Die Initiation von Mädchen hat für sie vor allem den Sinn, dass Mädchen von älteren, weisen Frauen in das untergründige Reich ihrer eigenen Intuition eingeweiht werden. Denn trotz Frauenbewegung und verändertem Rollenverhalten, sind die Bilder und Stimmen in Medien und Werbung so laut, dass sie häufig den Zugang zum eigenen Inneren des Mädchens übertönen.

Oft werden Mädchen bei ihren ersten körperlichen Veränderungen, bei der ersten Monatsblutung, von der Mutter beiseite genommen und in die hygienischen Angelegenheiten eingeführt. Doch um als Frau weise zu werden, um als Frau den eigenen Weg zu gehen, genügen diese Anweisungen nicht.

Pinkola Estés nennt neun Aufgaben, die ein Mädchen zur reifen und selbstbewussten Frau werden lassen, Aufgaben, die der Ursehnsucht nach ständiger Entfaltung gerecht werden. Darauf werden wir in der praktischen Ausführung näher eingehen.

Firmung als Initiationsritual

Wenn wir heute Firmung als initiatorischen Prozess oder vielmehr als Anstoß zum lebenslangen Prozess der Initiation verstehen, dann geht es darum, wie wir körperlich-sinnliche rituelle Formen schaffen, die Antwort geben auf die aufkeimenden Energien von pubertierenden Jungen und Mädchen.

Viele der Initiationsriten sind für uns Europäer nicht übernehmbar. Verletzung, Schmerz oder gar Verstümmelung sind in unserer Kultur nicht denkbar, auch wenn sie in schmerzvoller und sadistischer Quälerei, als pervertierte Überbleibsel von Initiationsriten in Prüfungssituationen bei manchen Ausbildungsberufen, beim Militär oder bei Rangkämpfen in Internaten existieren.

Ray Raphael hat nachgewiesen, dass in unserer westlichen Kultur, in der kaum adäquate Übergangsrituale für Heranwachsende vorhanden sind, diese von selbst entstehen. Angefangen beim Austausch von Freundschaftsbändchen, dem Tragen gleicher Kleidungsstücke bis hin zu Pearcing und Tätowierungen. Die Jugendkultur ist Gegenkultur, ist Rebellion, und die Zeichen am Körper wollen die Distanz zur Welt der Erwachsenen deutlich machen. Die Mutproben traditioneller Initiationen werden bei uns häufig in Form von Ladendiebstählen, übermäßigem Alkohol- und Suchtgiftkonsum oder auch im U-Bahn-surfen und schwarzen Messen nachgelebt.

Wurde der Initiand vom Schamanen verletzt, so verletzen sich Jugendliche heute mit Schnittwunden an Unter- und Oberarmen, gehen zu »schlagenden Gemeinschaften« und versuchen sogar, sich selbst das Leben zu nehmen.

Oft sind dies äußere Sensationen, um sich überhaupt am Leben zu fühlen, weil das »Leben sonst keinen Sinn macht«, ohne Wert ist. C.G. Jung betont demgegenüber, dass Rituale sinn-stiftend wirken. Wie wir oben schon erwähnten, wird das Leben ohne Rituale sinnlos und leer, führt zur Neurose. Es gibt nur noch Arbeit und Vergnügen, aber keinen tieferen Sinn. Der Mensch braucht aber, um gesund zu bleiben, etwas, das größer ist als er selbst, und dies kommt in den Ritualen zum Ausdruck.[34]

Das Ziel der Initiation und der Religion überhaupt ist nach Richard Rohr »den Einzelnen richtig in die Welt zu stellen und auszurichten«[35]. In den traditionellen Initiationen geht es hierbei vor allem um die Einfügung in die Gemeinschaft der Erwachsenen. Initiation in unserer pluralistischen Gesellschaft, in der keine einheitliche Erwachsenenwelt existiert, wird mehr die individuelle und ganzheitliche Begleitung durch den Lebensprozess der Pubertät zum Ziel haben. Initiation wird eine Bestärkung sein, auf die innere Stimme zu hören und dem eigenen Feuer zu trauen.

Initiation – Anstiftung zum eigenen Weg

Eckhard Schiffer betont in seinem Buch: »Warum Huckleberry Finn nicht süchtig wurde«, dass es die Abenteuerlust und die Fantasie sind, die aus Mark Twains Huck einen zwar verwahrlosten, aber gesunden Jugendlichen machten. Als möglichen, vorbeugenden Ausweg aus dem Siechtum (Sucht kommt von siechen) vieler Jugendlicher empfiehlt er, die schöpferischen, poetischen Kräfte von Kindern zu wecken bzw. zu stärken. Er fordert »ein Bereitstellen von Freiräumen, in denen ein Kind so wie der Huckleberry Finn abenteuern kann und dabei über sich und die Welt etwas erfährt« und weiter unten: »Eine lebendige Fantasie ... stellt den besten Schutz gegen jedwede Suchterkrankung dar.«[36] So hat eine initiatorische Firmung in unserer Kultur zu tun mit der Anstiftung, den eigenen Weg der Individuation zu gehen, eine Anstiftung der eigenen Intuition zu trauen und eine lebendige Fantasie zu entwickeln, um Neues zu gebären.

Entscheidend aber ist, dass die Jungen und Mädchen fühlen: Wir sind nicht allein gelassen in einem Lebensprozess, in dem wir von den eigenen Wachstumsprozessen stark verunsichert werden. Wir erleben Männer, die uns für wert halten, sich mit uns zu beschäftigen. Wir erleben Frauen, die unserer inneren Stimme trauen. Im Kontakt mit Erwachsenen unseres eigenen Geschlechts sind wir herausgefordert, unsere Möglichkeiten auszuloten, bis an unsere Grenzen zu gehen und unsere Vitalität zu würdigen.

Die erwachsenen Frauen und Männer werden als Partner erfahren, die auch notwendige Grenzen setzen und damit die Möglichkeit bieten, dass die heranwachsenden Mädchen und Jungen ihren Platz und ihre Aufgabe in dieser Gesellschaft finden.

Der vollständige Kreislauf des Rituals

Arnold van Gennep (1873–1957) veröffentlichte 1909 erstmals sein Buch »Übergangsriten«, in dem er die verschiedensten Riten untersuchte. Das Ziel dieser Rituale bei Geburt, Pubertät, Aufstieg in eine höhere Klasse ... ist immer dasselbe: »Das Individuum aus einer genau definierten Situation in eine andere, ebenso genau definierte hinüberzuführen.«[37]

Van Gennep wies in hunderten von Ritualen die gleiche Struktur nach:

1. Trennungsphase
2. Übergangsphase
3. Wiedereingliederungsphase

Dabei führt das Ritual aus dem Alltag heraus in einen besonderen, heiligen Raum. Dort werden Prüfungen bestanden, die bei Jungen zum Teil sehr schmerzhaft sind. Kräfte und Weisheiten werden von den Mentoren an den Initiand weitergegeben. Der geht auf die Suche nach »seiner Vision«, übt sich in seine Aufgabe, in sein neues Leben ein und erhält meist einen neuen Namen. Dann wird er von den Alten wieder als »Verwandelter« in den Alltag zurückgeführt. Meist bringt der Initiand ein Geschenk mit. Zum Beispiel ein erlegtes Beutetier, das er in seiner Sippe verteilen muss. Gilmore schließt daraus, dass der Junge zum Mann wird, wenn er mehr produziert, als er konsumiert, wenn er mehr gibt, als er nimmt.[38]

Bei den Mädchen wird die Initiandin in Kontakt zu ihrem wahren Selbst geführt. Sie soll ihrer Intuition trauen, ihre tiefe Würde als Frau und Lebensspenderin spüren und nicht den Einflüsterungen von gesellschaftlichen Verhaltensregeln nachgeben, die ständig sagen: »Du bist nicht gut genug. Du taugst zu nichts. Nur wenn du dir Mühe gibst, alles von dir hergibst, werden wir dich vielleicht einmal lieben.«

Im ersten Schritt lernt der Initiand und die Initiandin die alte, vergangene Lebensweise mit Wertschätzung und Dankbarkeit loszulassen.

Im zweiten Schritt begegnet er oder sie dem Neuen und Ungewissen, das immer auch Angst bereitet. Es gilt, den Impuls zu überwinden, vor den notwendigen Aufgaben des Lebens davonzulaufen. Es ist eine Einübung in die neue, soziale Umgebung, in das Erwachsenendasein mit der dazugehörenden Freiheit und der Verantwortung für sich selbst und die Gemeinschaft.

Im dritten Schritt lernt der Initiand und die Initiandin die neuen Gaben weiterzugeben. Die »neuen Erwachsenen« zeigen, was sie in der Auszeit gelernt haben. Sie werden zu einem solidarischen Mitglied der Gemeinschaft.

Gefahren und Missbrauch von Ritualen

Von Missbrauch bei Ritualen können wir sprechen, wenn ein oder mehrere Teile in diesem Ritualzyklus weggelassen werden. Statt zu befreien, können Rituale auch in die Abhängigkeit führen.

Der Nürnberger Reichstag ist wohl eines der bekanntesten Beispiele für solch einen Missbrauch. Durch die Euphorie vergisst man auf das Denken und reißt die Hand hoch zum Gruß.

Extreme politische Gruppierungen, Hooligans und andere Sportfanatiker oder auch religiöse Sekten nutzen die euphorisierende Kraft der Rituale. Deshalb betone ich hier vor allem die Wichtigkeit des dritten Abschnittes eines Rituals: der Wiedereingliederung und Rückführung in den Alltag. Was ich am Vortag im Bauch erlebte, muss ich heute im Kopf verarbeiten.

Initiationen, verstanden als Bestärkung und Firmung bei Jugendlichen, haben zum Ziel, dass sich der Initiand unter etwas Größeres stellt, sich auf die Reise macht nach seinem »Eigen-Sinn«, nach seiner eigenen Spiritualität. Es fing ja alles so schaffensfroh schöpferisch an. Gott hat die Welt erschaffen, »und es ihm nachzutun, war jeder aufgerufen, vom Säugling bis zum Greis. Nicht hocken und glotzen und konsumieren sollte er, sondern selber machen, selber ausdenken, was Eigenes erschaffen mit seiner eigenen Fantasie, von eigener Hand, im eigenen Saft«.[39]

Die fünf Weisheiten

Der bekannte Franziskanerpater Richard Rohr hat bei den Initiationsriten der unterschiedlichsten Kulturen fünf Botschaften oder Weisheiten entdeckt, die überall zentral anwesend waren. Dabei geht es einerseits darum, selbst die Verantwortung für sein Leben in die Hand zu nehmen, andererseits aber auch das Leben getragen sehen von einer »höheren Macht«, von Gott.

Heute möchten viele Menschen ein leichtes, genussvolles Leben haben, Ansehen gewinnen, im Mittelpunkt stehen und möglichst alle Fäden in der Hand halten. Doch auf diesem Weg leben wir oberflächlich am Leben vorbei und gelangen nicht zu unserer eigenen Tiefe, zu unserem Kern. Initiation ist der Versuch alle Dimensionen des Lebens wahrzunehmen und in sie hineinzuwachsen.

Die fünf Weisheiten lauten:

»Das Leben ist hart!«

*»Im Schweiße deines Angesichts,
sollst du dein Brot essen.«*

Gen 3,19

»Das Leben ist hart und wenn du dir dein Leben leicht machst, wird es leer und oberflächlich.« Diese Weisheit ist für die meisten Zwölf- bis Vierzehnjährige nachvollziehbar. Sie haben sie bereits erfahren. Die Anforderungen der Eltern und Lehrer, der Anpassungsdruck der Klassenkameraden, die erste Verliebtheit in ein unerreichbares Mädchen bzw. Jungen machen das Leben oft hart. Richard Rohr schreibt dazu: »Wenn du davon sehr früh im Leben überzeugt werden kannst und nicht viel Zeit verschwendest, das zu leugnen dem auszuweichen oder es dir leicht zu machen, wirst du komischerweise auf lange Sicht viel weniger nutzloses Leiden durchmachen.«[40]

»Du wirst sterben!«

*»Weißt du nicht,
dass du in Christi Tod hineingetauft bist?«*

Röm 6, 3

Alles was lebt, vergeht. Diese Weisheit leuchtet den meisten »im Kopf« ein, doch wenn wir jung sind, glauben wir, dass wir nie sterben werden. »Erst in der Mitte des Lebens, wenn unsere Freunde und unsere Eltern anfangen zu sterben, beginnt es uns zu dämmern, das auch wir sterblich sind. Und der Junge braucht eine emotionale Erfahrung davon, dass er selbst sterblich ist und sterben wird.«[41]

Deshalb sind auch manche Rituale in der Initiation sehr schmerzhaft und auch sehr tief gehend. Ein (junger) Mensch muss den »ersten Tod«, den Tod der Kindheit, durchleben und sich nicht vor dem nächsten Tod schützen.

»Du bist nicht so wichtig!«

*»Der Herr hat mich schon im Mutterleib berufen;
als ich noch im Schoß meiner Mutter war,
hat er meinen Namen genannt.«*

Jes 49, 1

In den Augen Gottes bin ich wichtig. Ich habe einen unverlierbaren Wert. Schon im Mutterleib hat er meinen Namen genannt, verlieh er mir Ansehen (= Gnade). Weil ich schon von »ganz oben« für wichtig gehalten werde, brauche ich mich hier unten nicht zu beweisen. Ich kann die dritte Grundbotschaft der Initiation gelassen annehmen. Kosmische und persönliche Bescheidenheit sind von zentraler Bedeutung für die richtige Einordnung, die eine gute Basis schafft für jede Gemeinschaft, jede Familie, jeden Dienst. »Du bist nicht der Nabel der Welt. Es gibt sechs Milliarden Menschen, die genauso sind wie du. Die Sonne dreht sich nicht um die Erde, sondern die Erde dreht sich um die Sonne. Und es gibt Millionen anderer Sonnen im All.

Du bist klein. Nimm dich selbst nicht zu wichtig, sondern such dir deinen angemessenen Platz im Universum.«

»Du hast nicht die Kontrolle!«

*»Vater, in deine Hände
Lege ich meinen Geist.«*

Lk 23, 46

Wir leben in einer Kontrollgesellschaft. »Der erste Schritt der zwölf Schritte bei den Anonymen Alkoholikern besteht darin, dass sie sagen: Ich muss eingestehen, dass ich machtlos bin ... Spiritualität lehrt uns, dass Gott alleine die Kontrolle hat, und wir sollen uns keine Illusion darüber machen, dass wir jemals die Kontrolle haben könnten.«[42]

Kontrolle bedeutet, das Leben festhalten und in den Griff bekommen zu wollen. Es ist von einem Misstrauen gegenüber dem Fluss des Lebens geprägt. Das Leben ist nicht machbar, nicht alles, was ich will, kann ich auch erreichen. Dies steht im Gegensatz zu den Hollywood-Erfolgsstories: »Vom Tellerwäscher zum Millionär!« und dem Satz, »Alles kann, wer will!«. Schicksalsschläge, Leiden, Dinge, die ich nicht ändern kann, sondern annehmen muss, lehren mich, dass Kontrolle eine Illusion ist.»Du hast nicht die Kontrolle« meint: »Du bist nicht allmächtig und kannst niemals alles im Griff haben. Vergeude dein Leben nicht damit, alles kontrollieren zu müssen. Kontrolle ist gut, Vertrauen ist besser.«

Dies ist die Freiheit des »Heiligen Narren«: »Er weiß, dass er keine Kontrolle hat. So kann er vertrauen, kann Geduld haben, er kann loslassen.«.[43]

»Das Leben dreht sich nicht um dich!«

»Ich bin der Weinstock,
ihr seid die Reben.«

Joh 15, 5

Die Bildrede Jesu vom Weinstock und den Rebzweigen verdeutlicht, dass du ein Teil eines größeren Ganzen bist. Du bist ein Teil des Lebens, ein Tropfen im Universum. Du bist nur ein Augenblick eines viel größeren Mysteriums. »Du musst wissen, dass du Teil von etwas und jemand viel Größerem bist. Dein Leben dreht sich nicht um dich, sondern um Gott.«[44]

Das ist die notwendige und zusammenfassende Erfahrung der Initiation. Wir sind Teil eines größeren Geheimnisses. Die Initiation stellt uns in das große Universum hinein. Nur so können wir zu Liebenden werden.

Soweit die fünf Weisheiten, die Richard Rohr in seinen Studien der Initiationsrituale herausgefunden hat. »Mit großer Wahrscheinlichkeit wird uns das Leben selbst früher oder später mit diesen unangenehmen Wahrheiten konfrontieren«, schreibt W. Vogelmann und meint weiter: »Da möchte ich doch wenigstens einigermaßen vorbereitet sein, damit ich nicht in Verzweiflung stürze.«[45]

Das Hineinführen in diese Weisheiten und ein Übergangsritual tut den Heranwachsenden in unserer westlichen Welt mit ihren lokalen und globalen Verunsicherungen gut, ist geradezu notwendig für eine solidarischere Gemeinschaft.

Ein anderer wesentlicher Moment ist die Begleitung durch einen Mentor. Jungen und Mädchen brauchen in ihrem Erwachsenwerden wenigstens eine vertraute erwachsene Bezugsperson außerhalb ihrer Familie.

Der Mentor – die Mentorin

Die höchste Aufgabe
unseres Lebens
besteht darin,
uns an den Zweck
unseres Daseins
zu erinnern.

Malidoma Some

In allen alten Kulturen und Stammesgesellschaften war und ist Erziehung nicht nur Aufgabe der Eltern, sondern des gesamten Dorfes. Vielfach übernahm diese Aufgabe der Mentor oder ein Pate. Der Name »Mentor« kommt aus dem Griechischen und bedeutet eigentlich »Denker«. Als Odysseus zu seiner Heldenreise aufbrach, bat er seinen Freund Mentor, sich während seiner Abwesenheit um seinen Sohn Telemach zu kümmern. Mentor war für Telemach mehr als ein Lehrer. Er förderte seine Begabungen und Talente. Er war Beschützer, Vorbild und Berater, nahm seinem Schüler jedoch keine Entscheidungen ab, sondern ließ ihn selber »köcheln«, bis er für den nächsten Schritt bereit war.

Für Malidoma Some aus dem Dagara-Volk gehört die Institution des Mentors zu jenen Dingen, ohne die sich junge Menschen im Leben nicht behaupten und entfalten können. Für den Mentor ist der Jugendliche ein Mensch, der alles Wissen, das er benötigt, schon besitzt. Mit Respekt und Zuneigung wendet er sich an das im Jugendlichen schon schlummernde und nun manchmal stürmisch aufkeimende Feuer und Wissen. Er oder sie betrachtet den Jugendlichen, um es mit Maria Montessori zu sagen, mit der »Schaukraft der Liebe«, die auch die verborgenen Talente sieht und würdig anerkennt.

Dabei ist die Aufgabe des Mentors zweifach. Einerseits muss der Mentor das heilige Feuer des Initianden entfachen, schüren oder hüten und eindämmen, andererseits auch ermöglichen, dass dieses heilige Feuer für die Gemeinschaft tätig wird. »Der Mentor ist kein Lehrer, eher ein Spiegel. Er sieht, wie Dinge, die er selbst schon überwunden hat, in dem jungen Menschen an die Oberfläche drängen ... und versucht dessen einmalige Veranlagung für die Gemeinschaft fruchtbar werden zu lassen. In gewissem Sinn ist er die Hebamme für den Geist des Heranwachsenden.«[46]

Während in den traditionellen Kulturen Afrikas, Asiens und Südamerikas die Institution der Mentoren eine Selbstverständlichkeit ist, ist dies in den westlichen Industrienationen leider großteils in Vergessenheit geraten. Doch auch europäische Jugendliche stoßen, ähnlich den afrikanischen, in ihren Initiationsritualen, auf Tragödien, auf Kräfte, die sie nicht beherrschen, auf Aufgaben, die Möglichkeiten des Wachstums und Wandels bieten. Diese Schwierigkeiten, denen ein Heranwachsender auf seinem Weg in der modernen Gesellschaft begegnet, nennt Some im Grund initiatorisch, je nachdem, wie stark sie das Leben verändern. Für ihn ist das Problem im Westen nicht so sehr das Fehlen einer Initiation, als vielmehr das Fehlen einer »Gemeinschaft, die das innere Wachstum des Einzelnen beobachtet und die bestätigt, wenn jemand einen Initiationsprozess durchlaufen hat«.[47] Natürlich können wir hier in Europa nicht warten, dass sich wieder dorfähnliche Gemeinschaften entwickeln. Gemeinschaft wird bei uns oft als Bedrohung des Individualismus erlebt. Doch Individualität – Einzigartigkeit – und nicht Individualismus, ist das Fundament jeder Gemeinschaft. Eine Gemeinschaft kann nur leben und florieren, wenn jedes ihrer Mitglieder in den einmaligen Gaben seiner Persönlichkeit aufblüht und das volle Potenzial seines Lebensziels ausschöpft.

Der erste Schritt des Mentors, gleichgültig ob es sich dabei um den Firmbegleiter oder den Pa-

ten, die Patin handelt, ist es, die Gegenwart des heiligen Feuers in einem Jugendlichen zu erkennen. Dem Jugendlichen mit voller Aufmerksamkeit zuhören ist der Weg des Mentors. Die Krise des inneren Feuers des Heiligen Geistes strebt zur Freiheit nach Größerem. Dem muss Beachtung geschenkt werden. Nur dadurch kann es in sichere Bahnen gelenkt werden und der Gemeinschaft dienen, anstatt destruktive Kräfte hervorzurufen. Was in der Tiefe der Seele vor sich geht, muss mit der Schaukraft der Liebe gesichtet und akzeptiert werden. Dadurch lernt der Jugendliche seine angeborene Begabung zur Bereicherung seines Alltags anzuwenden.

Pubertierende hören selten auf ihre Eltern. Bei einem Mentor, einer Mentorin, ob ein Onkel, eine Tante, Lehrerin, Sporttrainer oder Lehrherr, kann sich dies ganz anders verhalten. Für einen Vater oder eine Mutter ist es in dieser Zeit häufig schwierig, dem Sohn oder der Tochter etwas beizubringen. Meist ist es einfacher, einem »fremden« Kind etwas zu erklären, als dem eigenen. Geduld, Ruhe und Gelassenheit fällt uns bei den Nachbarn leichter, als bei den Menschen, die wir am meisten lieben. Die Geschichte von der Opferung Isaaks durch Abraham (Gen 22), zeigt zum Beispiel die dunkle Seite der Vaterliebe in aller Drastik. »Die Wahrheit, die dieser Mythos aufdeckt, ist so schmerzlich, dass die meisten Männer sie schlicht leugnen würden: Viele Väter hegen ein unbewusstes, mörderisches Ressentiment gegen ihre Söhne«, schreibt Patrick Arnold in seinem Buch »Männliche Spiritualität« und stellt die provozierende Frage: »Welchen Göttern von heute opfern denn wir unsere Söhne? Übertragen heutige Väter nicht einfach die alte Sitte des Kindsopfers in die heutige Zeit – mit einem endgültigen Brandopfer an einen neuen und schrecklichen Gott, den Gott der Karriere?«[48] Dies ist wohl mit ein Grund, warum Väter bei der Initiation ihrer eigenen Söhne nur eine Beobachterrolle spielen. Sie würden sie vielleicht härter anfassen, mehr fordern und sie einem (seinem) Erfolgsdruck aussetzen. Doch mit dem Älterwerden der Kinder ändert sich auch der Vater und wird ein liebender und geduldiger Großvater.

Ebenso fällt es der Mutter schwer, dem Weg der Tochter zu folgen. Viele Mütter meinen zu wissen, was gut für ihre Tochter ist und leiten sie in entsprechende Bahnen. Vielfach wird die Mutter dabei zur bösen Stiefmutter der Märchen, die ihre Tochter zur Dienstmagd degradiert und ihr den Zugang zum Fest des Königs, zum Fest des Lebens, verwehrt.

In der Pubertät wächst der Jugendliche allmählich in die Welt der Erwachsenen hinein und nabelt sich von seinen Eltern ab. »In dieser Lebensphase begehen junge Leute ihre ersten berühmt-berüchtigten Fehler, und ein Mentor hat dafür zu sorgen, dass diese nicht in Katastrophen ausarten. Eltern wiederum sollten dafür sorgen, dass es für ihren Sohn oder ihre Tochter einen solchen Mentor überhaupt gibt und bei der Auswahl umsichtig zu Werke gehen.«[49] Solche Mentoren können dann oft ganz unbefangen mit dem Heranwachsenden reden, ihn an den Zweck seines Daseins erinnern, ihm zuhören, wenn daheim der Haussegen schief hängt, ihm gelegentlich mal die Meinung sagen und ihm Grenzen begreiflich machen.

U-Bahn-Surfen, kriminelle Handlungen aller Art, Alkohol- und Drogenexzesse sind verzweifelte Versuche von Gleichaltrigen, sich selbst, ohne Mentor, zu initiieren. Wenn keiner da ist, der ihre Seelen hochhebt und zeigt, was in ihnen steckt, dann gehen sie verloren.

Mehr denn je, brauchen Jungen heute eine Initiation der Mannwerdung, Mädchen eine Initiation der Frauwerdung. Sie brauchen einen Mentor, eine Mentorin, der oder die sie zum heiligen Feuer hinführt und sie den Weg weist, dieses Feuer für die Gemeinschaft einzusetzen.

Die Firmung mit ihren Firmpaten wäre meines Erachtens eine Möglichkeit, die Initiation und die Aufgabe des Mentors in unserem Kulturkreis wieder stärker ins Bewusstsein zu rücken.

Die Gemeinschaft

Das Ziel von Initiationsriten ist es, junge Menschen in die Gemeinschaft aufzunehmen, ihr inneres Feuer, ihre angeborene Begabung anzuerkennen und zu bestätigen und Sorge dafür zu tragen, dass der Jugendliche zur Freiheit und Verantwortung eines reifen Erwachsenen geführt wird.

Initiation konzentriert sich auf die Antwort der fundamentalen Lebensfragen, mit denen sich der Mensch – insbesondere der junge Mensch – seit jeher auseinander gesetzt hat: Wer bin ich? Woher komme ich? Wozu bin ich hier? Wohin gehe ich?

Malidoma Some schreibt in seinem Buch, dass es den Jugendlichen in den westlichen Industrieländern nicht an Initiationserfahrungen fehlt, sondern an einer Gemeinschaft, die diese anerkennt. Im Westen sehnen sich auch viele Erwachsene nach einer Art Initiation. Die nicht verwirklichte Begabung, dieses unauslöschliche Feuer, glimmt wie ein schlafender Vulkan in uns und bricht periodisch immer wieder aus und führt uns in Krisen, Schmerz und Leid.

Um initiatorische Erfahrungen gesund abzuschließen, müssen sie daher anerkannt werden. »Wenn das Leid anerkannt wird, vergeht es. Geschieht das nicht, wächst es … Bei den Stammesvölkern versammeln sich das ganze Dorf und manchmal sogar mehrere Dörfer, um die Initianden bei der Rückkehr von ihren Prüfungen zu empfangen. Je größer die Zahl der Leute, die den Rückkehrern zuschauen und Anerkennung zollen, desto besser. Denn eine Prüfung ohne Zeugen und ohne Anerkennung wiederholt sich mit großer Wahrscheinlichkeit … Gemeinschaft ist entscheidend zum Abschluss einer Initiation.«[50] In Afrika gibt es das Sprichwort, man solle den Initianden nach Art der Hunde begrüßen. Also einen wahrhaft freundlichen Empfang mit Lachen, Jubel und Körperkontakt.

Heranwachsende Jugendliche leiden schwer darunter, wenn ihnen die Hilfe der Gemeinschaft fehlt. Ihre Enttäuschung über die Gesellschaft drücken sie deutlich mit Verachtung und Misstrauen gegenüber den Erwachsenen aus. Oft spüren die Jugendlichen die heilige Dimension des Lebens, doch aus Sorge um Ansehen, Karriere etc. wird ihnen nicht erlaubt, ihr Leben nach ihren eigenen Vorstellungen, mit dem Feuer ihrer Begabung, auszuprobieren.

Natürlich ist nicht alles übertragbar, was im afrikanischen Dschungel passiert, aber vielleicht können wir ein wenig von der indigenen Weisheit profitieren und lernen, was Initiation und die Notwendigkeit einer Gemeinschaft zur Kindererziehung betrifft.

Unsere Firmlinge und auch deren Eltern sind meist keine Kirchgänger mehr. Doch selbst für die Kirchgänger unter ihnen, die in die Gemeinschaft der Kirchen gefirmt werden, stellen sich die Fragen: »Was verändert sich konkret durch die Firmung für den Jugendlichen? Genügt es, wenn er jetzt alle fünf Jahre wahlberechtigt ist für den Pfarrgemeinderat? Gäbe es noch weitere Aufgaben in der Pfarrei, in der die Jugendlichen ihre Begabung einbringen könnten?« Die Gemeinschaft der Kirchgänger ließe sich fragen: »Jubelt Ihr genug, wenn die Jugend gefirmt, gestärkt wird? Seht Ihr die Begabungen eurer Kinder und zollt ihr die notwendige Anerkennung? Oder ärgert ihr euch eher über Kleidung und Haarpracht der Jugend?«

Doch wie bereits erwähnt, sind die meisten Firmlinge und deren Eltern treue Kirchenferne. Hier können wir nicht erwarten, dass sie nach der Firmung Kirchgänger werden. Daher sollten wir hier fragen: »In welche Gemeinschaft können wir die Jugendlichen firmen, damit sie ihre Begabung erkennen und diese in ihre Gemeinschaft auch einbringen können? Was können die Kirchen tun, damit die Erwachsenen – auch jene die den Kirchen fern stehen – das Anliegen von Firmung und Initiation fördern?« Meist sind die erwachsenen Gemeinschaften, in der unsere Jugendlichen leben, die Familie, Schule und die verschiedensten Vereine. So könnten im Firmgottesdienst Lehrer und Lehrerinnen, die Jugendtrainer des Sportvereins oder ein Pfadfinderführer bestimmte Teile der Liturgie übernehmen oder zumindest anwesend sein. Vielleicht haben auch diese Erwachsenen kreative Ideen, wie sich das Leben der Jugendlichen am Tag nach der Firmung verändern könnte, wie die Gefirmten in ihrer Schule, in ihrem Verein mehr Freiheit und mehr Verantwortung erhalten.

Für die Gemeinschaft der Familie haben wir weiter unten konkrete Vorschläge gesammelt. Firmung ist bei uns meist zu einem Familienfest geworden, doch haben viele Menschen das Festefeiern verlernt, da sie nur noch »Events« kennen. Da wir Autoren selbst Eltern und Paten sind, haben wir uns verstärkt um die Eltern- und Patenarbeit gekümmert. Dabei haben wir erlebt, dass viele Eltern und Paten sehr dankbar sind für Anregungen im erzieherischen und vor allem im spirituellen Bereich. Unser Anliegen ist es, die Pubertät nicht nur als schwierige Zeit zu sehen nach dem Motto: »Es ist nur eine Phase, nach vier Jahren wird das Kind wieder normal.«

Pubertät ist für uns in erster Linie ein heiliger Lebensprozess, der durch Gottes Geist, das heilige Feuer, ausgelöst wird. Der Heranwachsende braucht Hilfe, seine Begabung zu finden und diese für die Gemeinschaft heilsam einzusetzen. Dies ist der Sinn des Lebens. Daher ist die Pubertät ein wesentlicher Prozess der Identitätsfindung und sollte durch die Gemeinschaft der Kirchen, Schulen, Vereine und Familie bestärkt – also gefirmt – werden.

Zusammenfassung

FirmbegleiterInnen, Eltern, engagierte Gemeindemitglieder – viele, die für die Firmung verantwortlich sind, entwickeln mit viel Fantasie und Kreativität Modelle für eine zeitgemäße Firmung. Worin unterscheidet sich nun dieses Firmkonzept, das Sie gerade in Händen halten, von den anderen?

Geerdete Firmung: Dieses Modell ist ein Versuch, die Firmung wieder »auf die Erde« zu holen. Gottes Geist wird oft als etwas sehr Abgehobenes verstanden. Wir hingegen sind der Überzeugung, dass Gottes Geist seit unserer Geburt oder vielmehr seit unserer Zeugung tief in uns verankert ist. In der Firmung feiern wir, dass Gott in uns zu Hause ist, dass er mit uns ist, egal wie wir uns verhalten und durch welche Krisen und Chancen wir gehen.

Durch das Feiern der Firmung, das würdige Anerkennen, was ist, wird Gottes Geist verstärkt wirksam.

Indikativ statt Imperativ: Firmung ist die Vollendung der Taufe. Deshalb wird Firmung häufig missverstanden als bewusstes Ja zur Kirche und die Firmverantwortlichen sind verwundert und verärgert, dass Jugendliche den Kirchen nach der Firmung den Rücken zukehren.

Daher betont dieses Konzept verstärkt den Indikativ, den Gnadenakt Gottes. Nicht: »Du musst Ja zur Kirche sagen!«, sondern: »Gottes Geist und die Kirchen sagen Ja zu dir! Gerade in der Zeit deines geistigen und körperlichen Umbruchs und Aufbruchs, in deiner Pubertät, sagen wir Ja zu dir!«

Initiatorische Firmung: Verstärktes Augenmerk legen wir auf die Lebenssituation der Kinder und Jugendlichen. Firmung ist seit jeher initiatorisch. Es ist die Feier des Wendepunktes vom Kind zum Erwachsenen. Die Weihe, die Feier dieser Lebenswende soll den Firmling bestärken, diesen Wandel zu bejahen.

Wir sind der Überzeugung, dass Gottes Geist nicht nur den Firmling in der Pubertät stärkt, sondern umgekehrt, dass es sogar Gottes Geist ist, der die Pubertät auslöst. Gottes Geist will nicht, dass der Mensch in der Kindheit stecken bleibt. Gottes Geist will Entwicklung. Gottes Geist ist der Sturm in uns Menschen, der an jedem Lebenswendepunkt besonders heftig weht.

Das Firmalter ist in unserem Konzept sekundär. Es sollte lediglich in der Pubertät angesiedelt sein.

Treue Kirchenferne: Immer mehr Erwachsene bleiben den Kirchen fern. Die Kirchenbesucherzahlen sind in den meisten Gemeinden rückläufig. Trotzdem bezahlen viele den Kirchenbeitrag und wünschen sich Zugang zu den Sakramenten Taufe, Firmung, Ehe und hoffen auf eine würdige, christliche Bestattung.

Pfarreien, die den Menschen den Zugang zu den Sakramenten zu leicht machen, bekommen häufig den Vorwurf zu hören, sie verschleudern die Sakramente. Für uns jedoch sind Sakramente sichtbare Symbole für die Zärtlichkeit und Liebe Gottes. So müssten wir uns fragen: »Verschleudern die Kirchen die Liebe Gottes?« oder: »Wer, wenn nicht die Kirchen, sollen die Liebe Gottes nach ihrem Vorbild Jesus Christus großzügig verschenken?«

Kurz und bündig: Die verschiedenen Bausteine dieses Konzepts sind auf die Situation der treuen Kirchenfernen zugeschnitten. Sie sind daher kurz und bündig. Die Kinder und Jugendlichen können die Dauer der Vorbereitung frei wählen.

Grundintention jedes Bausteines ist nicht eine theologische Belehrung, sondern eine Auseinandersetzung der Jugendlichen mit sich selbst und eine Bestärkung der Jugendlichen durch Gottes Geist, der in den Kirchen lebt.

Praktische Ausführung

Wann wird man unsere Kinder
in der Schule lehren, was sie selbst sind?
Jedem dieser Kinder sollte man sagen:
Weißt du, was du bist?
Du bist ein Wunder!
Du bist einmalig!
Auf der ganzen Welt gibt es kein Kind,
das genauso ist wie du.
Und Millionen von Jahren sind vergangen,
ohne dass es je ein Kind gegeben hätte wie dich.
Schau deinen Körper an, welch ein Wunder!
Deine Beine, deine Arme, deine geschickten
Finger, deinen Gang ...
Es gibt nichts, was du nicht werden könntest.
Jawohl, du bist ein Wunder.
Und wenn du erwachsen sein wirst,
kannst du dann einem wehe tun, der,
wie du selbst, auch ein Wunder ist?

Pablo Casals
Quelle unbekannt

Einleitung

Sechs Jahre lang leiteten meine Frau Hildegard und ich die Firmung in unserer Pfarrgemeinde am österreichischen Bodensee mit ca. 10.000 Katholiken und davon jährlich ungefähr 120 Firmlingen in 16 Firmgruppen. Dabei entwickelte sich die vorliegende Firmvorbereitung, die nicht nur den Firmlingen entsprach, sondern auch die Eltern, sowohl kirchentreue als euch treue kirchenferne, begeisterte und Impulse für ihr Leben als Eltern gab.

Die initiatorischen Wochenenden »Die Nacht des Feuers« und »Vasalisa, – mutige Mädchen, weise Frauen« entstanden zuerst auf Diözesanebene. Inzwischen halten wir diese Wochenenden immer häufiger mit Firmlingen aus Pfarrgemeinden vor Ort.

Bevor wir die Firmstunden im Einzelnen erläutern, möchten wir auf einige grundsätzliche Gedanken zur Praxis eingehen.

Die Vorbereitungszeit

Die Vorbereitungszeit gestalten wir recht kurz. Etwa sechs Monate vor der Firmung halten wir einen Informationsabend zur Firmung ab. Zu diesem Abend werden die Firmlinge(!) schriftlich eingeladen. Die Eltern können als Berater mitgenommen werden.

Zuerst wird der Sinn der Firmung kurz erläutert, der Firmtermin, die Bedeutung des Paten, der Patin. Dann werden die verschiedenen Möglichkeiten der Vorbereitung zur Firmung vorgestellt: einmaliges Einzelgespräch, sechs bis acht Treffen in Firmgruppen, ein biblischer Samstag Nachmittag, das Initiationswochenende mit dem Paten und weitere Aktionen, die in dieser Zeit für die Firmlinge angeboten werden.

Anschließend erhalten die Firmlinge das Anmeldeformular mit der Möglichkeit, die Mitglieder der Gruppe selbst zu bestimmen. Die Firmlinge sollen auch einen oder zwei Erwachsene suchen, die die Gruppe leiten. Anmeldefrist ist fünf Monate vor der Firmung.

Dann teilen die Hauptamtlichen die Gruppen ein, wobei die Wünsche der Firmlinge möglichst erfüllt werden. Falls es dabei Schwierigkeiten mit der Zuordnung gibt oder sich kein erwachsener Begleiter findet, wird mit den betreffenden Firmlingen Rücksprache gehalten und gemeinsam eine Lösung gefunden.

Etwa drei oder vier Monate vor der Firmung gibt es ein erstes Treffen der FirmbegleiterInnen. Nach einem Spiel zum Kennenlernen wird das Firmmodell und das Firmbuch vorgestellt. Ein gemütlicher Teil ist bei jedem dieser Treffen sehr wichtig. Die Gruppenstunden beginnen ca. zehn bis zwölf Wochen vor der Firmung. So ist genügend Zeit, die sechs bis acht Treffen durchzuführen.

Die FirmbegleiterInnen treffen sich ein zweites Mal sechs oder sieben Wochen vor der Firmung zum Austausch und zur Reflexion. Hier werden Details zur Gestaltung des Vorstellungsgottesdienstes in der Gemeinde besprochen.

Ein drittes Treffen empfiehlt sich eine Woche vor der Firmung. Hier können noch Unklarheiten beseitigt und Fragen geklärt werden.

Ein Reflexionstreffen der FirmbegleiterInnen 14 Tage nach der Firmung ist dann der Abschluss. Hier kann sich die Pfarrei mit einem kleinen Fest für die Arbeit bedanken.

Die Einzelgespräche

Die Einzelgespräche sind das einzig verpflichtende in dieser Firmvorbereitung. Wer sich anmeldet, aber nicht im Rahmen einer Gruppe teilnehmen möchte, soll sich für dieses einstündige Gespräch mit dem Ortspriester oder den hauptamtlichen Firmleitern schon bei seiner Anmeldung Zeit nehmen. Die anderen haben ihren Gesprächstermin in den Wochen der Vorbereitung.

Vorteilhaft ist, wenn dabei die Mädchen mit einer Frau, die Jungen mit einem Mann ins Gespräch kommen können. Wenn diese in seelsorgerlicher Gesprächsführung geübt sind, kann daraus eine sehr tiefe Begegnung werden. Oft erreicht man hier die Qualität eines guten Beichtgesprächs. Dazu im Kapitel Praxis C, – Gottesdienst und liturgische Feiern (S.78).

Die Firmgruppe

Die Gruppe besteht idealerweise aus sechs bis acht Firmlingen und ein bis zwei Betreuern. Gleichgeschlechtliche Gruppen sind sehr von Vorteil, da dann den unterschiedlichen Bedürfnissen der Mädchen und Jungen besser entsprochen werden kann. Durch die Freiheit der Wahl sind aber selbstverständlich auch gemischtgeschlechtliche Gruppen möglich.

Der Firmbegleiter, die Firmbegleiterinnen

Der Firmbegleiter, die Firmbegleiterinnen sind selbst Suchende. Es geht darum, in ehrlicher Auseinandersetzung den ureigenen Weg zu suchen und zu finden.

Da sich die Firmlinge ihre Begleiter, ihre Begleiterinnen selbst aussuchen, wird dies meist eine Mutter oder ein Vater sein. Es sind aber auch Onkel, Tanten oder Lehrer denkbar.

Ein bis zwei Frauen pro Firmgruppe zu finden, ist normalerweise recht einfach. Seit über zwei Jahrhunderten ist in den »christlichen Männerkirchen« die religiöse Erziehung Aufgabe der Frauen. Davor und in anderen Religionen und Kulturen – Islam, Judentum, östliche und afrikanische Religionen – war und ist es für einen Mann sehr wichtig, etwas über seine Religion zu wissen und dieses Wissen an seine Nachkommen weiterzugeben. Dies ist in unseren Kirchen leider verlorengegangen, doch gibt es immer mehr Väter, die ihre eigene Spiritualität wieder entdecken, und auch immer mehr Väter, die sich um die Erziehung, auch der religiösen, kümmern. Hilfreich ist es daher, wenn in den Pfarreien schon im Vorfeld Vorträge zu spezifischen Männer- und Väterthemen angeboten werden (»Der spirituelle Vater«, »Männer glauben anders«). So halten wir schon bei der Erstkommunion Seminare zur (religiösen) Erziehung durch Väter ab.

Sehr häufig entstehen in diesen Gruppentreffen sehr tiefe, persönliche Beziehungen unter den Jugendlichen und mit den FirmbegleiterInnen, die lange Zeit über die Firmung hinausge-

hen. Die Begleiter können ihr Charisma, ihren Charme und ihre Fähigkeiten einbringen. Sie können weitergeben, was sie beseelt. So kennen wir einen Firmbegleiter, Obmann des Bogenschützenvereins, der die Firmlinge in das »Zen und die Kunst des Bogenschießens« einführte. Oder eine Frau, Künstlerin mit eigenem Atelier, die mit den Mädchen in ihren Gruppenstunden Acrylbilder auf Leinwand malte.

Jeder Firmbegleiter, jede Firmbegleiterin kann hier ihre Lebendigkeit, ihr Temperament, ihre Spiritualität einbringen. Ob berufliche Fähigkeiten oder das eigene Hobby, ob Bus-Chauffeure, Köchinnen, Baggerfahrer, Gärtnerinnen, Kartenabreisser im örtlichen Museum oder Hausfrau – jeder und jede hat etwas, das ihn und sie begeistert. Dies alles hat Platz in einer Vorbereitung auf die Firmung, auf das Fest des Erwachsenwerdens.

Der Gruppenraum

Im Normalfall wird der Raum, in dem die Treffen stattfinden, das Wohnzimmer oder die Küche eines Firmbegleiters sein. Aber auch in einem nahen Wald oder an einem ruhigen Ort in der Natur kann eine Möglichkeit sein. Ebenso gibt es in jeder Pfarrei Gruppenräume, die denkbar sind.

Wichtig ist, dass der Raum Atmosphäre hat und für die Bedürfnisse der Jugendlichen vorbereitet ist. Das heißt, er sollte der Spiritualität, der Lebendigkeit des Firmbegleiters entsprechen und gleichzeitig den Jugendlichen die Möglichkeit bieten, in angenehmer, lockerer Form über all jenes zu sprechen, was sie bewegt.

Bewährt hat sich auch, wenn die Küche nicht weit entfernt ist. Hier kann im Anschluss an die Gruppenstunde gemeinsam gekocht bzw. gebacken werden. Manche Firmeltern haben das Essen schon fix und fertig vorbereitet und brauchen nur noch den Herd einzuschalten. Wir empfehlen, die Pizza gemeinsam zu belegen (Teig kann evtl. vorbereitet sein) und dann miteinander zu warten bis sie fertig ist, den Tisch zu decken und zu schmücken.

Jungen brauchen sehr häufig »wilde Räume«, Räume der Natur, ein Stück Wald, einen Bach oder Wasserfall. Solch wilde Räume lassen Jungen und Männer zu ihrer ursprünglichen Kraft zurückfinden, einer Kraft, die in den Alltagserfahrungen oft verloren geht. »Jeder Mann braucht Abenteuer, die Möglichkeit, Unbekanntes zu entdecken und in dieser Entdeckung sich selbst neu zu finden.«[1]

Das Firmtagebuch

Für das Firmtagebuch haben wir stärkeres und wertvolles Papier gewählt. Es bietet einige für junge Menschen leicht verständliche Impulse. Viele Seiten sind noch leer, denn wir verstehen das Firmbuch mehr als Firmtagebuch. Die Jugendlichen können selbst Gedanken, Eindrücke und Zeichnungen hineinschreiben bzw. malen. Weiter können auch Fotos von sich, der Firmvorbereitung und der Firmung, dem Firmausflug eingeklebt werden. Ebenso besteht auch die Möglichkeit, dass Freunde und Freundinnen, die Eltern und die Firmbegleiter den einen oder anderen Gedanken hinzufügen. Es soll also ein wertvolles Tagebuch daraus entstehen, das die Jugendlichen mehrere Jahre lang gerne aufbewahren.

Auch den theologischen Teil halten wir sehr schlank. Es geht in erster Linie um die unmittelbare, intuitive Erfahrung des heiligen Feuers und um die Stärkung von Gottes Geist im Fest der Firmung. Die Vermittlung von theologischem Grundwissen sehen wir als Aufgabe von Religionsunterricht und Schule an. Die Firmvorbereitung darf nicht dazu missbraucht werden, in Kleingruppen noch schnell Versäumtes einzutrichtern. Zudem sind viele Firmbegleiter hier tatsächlich überfordert.

Das Firmtagebuch ist so gestaltet, dass es vom ersten bis zum letzten Treffen stets verwendet werden kann. Es können aber durchaus schon einmal eine oder zwei Stunden weggelassen werden, weil es zur Zeit in der Gruppe ein aktuelleres Thema, eine aktuellere Betroffenheit gibt. Wenn zum Beispiel einer oder mehrere Teilnehmer der Gruppe sehr verärgert aus der Schule kommen und sich einfach zuerst Luft machen

müssen, dann ist dem unbedingt Vorrang zu geben, denn Störungen haben Vorrang.

Ziel der Gruppenstunden und somit des Firmtagebuches ist es, den Jugendlichen Impulse zu geben, ihren ureigenen Weg zu gehen.

Die Gruppenstunden

Die Gruppenstunden dauern etwa 1,5 bis 2 Stunden. Dabei haben wir den Ablauf in drei Phasen unterteilt.

1. Die *Trennungsphase* soll vom Alltag abholen.
2. In der *Übergangsphase* wird inhaltlich gearbeitet.
3. Die *Wiedereingliederungsphase* dient der Reflexion und soll in den Alltag zurückführen.

Gut ist es, wenn dieser Ablauf ritualisiert wird, wenn er immer gleiche oder ähnliche Formen annimmt. So stellen wir in der Trennungsphase immer in spielerischer Form dieselben Fragen, beispielsweise: »Wie geht es dir?«, »Was beschäftigt dich heute?«, »Welches Erlebnis geht dir durch den Kopf oder durch den Bauch?« Hier kann es manchmal vorkommen, dass in einer Gruppenstunde nicht über diese erste Phase hinausgegangen werden kann, weil nachhaltig beeindruckende ärgerliche Erlebnisse aus dem Alltag einer Klärung bedürfen.

Wenn zum Beispiel die Mädchen in einer Firmgruppe erzählen, dass sie sich über einen Lehrer ärgerten, der ständig frauenfeindliche Witze macht, ist es wichtig, dieses Thema zu behandeln. Wie können die Mädchen diesem Lehrer mitteilen, dass sie sich verletzt fühlen? Sollen sie es einfach schlucken? Wie können sie sich zur Wehr setzen, ohne dadurch Nachteile zu erfahren? Mündig werden heißt ja auch skeptisch und kritisch werden, Widerspruch leisten, wo Unrecht geschieht, auch bei einem Vorgesetzten oder einem Lehrer. Hier kann die Erfahrung von reifen Frauen eine bestärkende Wirkung haben und das ist in dem Moment wichtiger, als das betreffende Kapitel des Firmbuches.

Im zweiten Teil, der Übergangsphase, geht es um »Aus-ein-ander-setzung« mit dem betreffen-

den Thema. Dabei verfolgen wir einen systemati-
schen Weg: ausgehend von der eigenen Herkunft und dem eigenen Raum des Wohlfühlens
als Kind hin zur Wandlung zum Jugendlichen
und der Feier der Firmung. Der eigene Weg, Begegnung mit Jesus und dem Geist Gottes und
seiner Gemeinschaft der Kirchen.

Der Abschluss dient der Reflexion: »Was habe
ich heute gelernt?«, »Welcher Satz war mir heute bedeutsam?«, »Wer hat etwas gesagt, das
mich immer noch beschäftigt?« Ein bestärken-
des Ritual kann Kraft geben bis zum nächsten
Treffen.

Praxis A – Gruppenstunden

Bevor wir die Stunden im Einzelnen darlegen, hier eine kurze Übersicht:

1. Stunde: Meine Herkunft – Mein Freiraum
2. Stunde: Mein innerer Raum – Feuer in mir
3. Stunde: Firmung – Das Feuer hüten
4. Stunde: Labyrinth – Ich gehe meinen Weg
5. Stunde: Ostergeheimnis – Das Kind stirbt und ein Erwachsener steht auf
6. Stunde: Gemeinsam auf dem Weg
7. Stunde: Firmung – Das Ritual

1. Stunde

Meine Herkunft – Mein Freiraum

Material:

- »Mein Firmtagebuch« für jeden Firmling und jede/jeden Begleiter/in
- Jede/r soll Fotos – aktuelle und Kinderfotos – von sich und seinen Eltern mitbringen, die eventuell zerschnitten und eingeklebt werden dürfen. Diese Fotos sollten vorher keinem gezeigt werden. Dies kann auf die persönliche Einladung geschrieben werden.
- Schatzkarten
- Klebstoff, Schere
- Schreibmaterial, evtl. auch Farben

Zugänge:

Das erste Treffen dient vor allem dem allgemeinen Kennenlernen. Da sich die Mädchen oder Jungen gegenseitig ausgesucht haben, sind sie meist untereinander bekannt. Aber auch die Be-gleiterInnen sollen mehr über die Jugendlichen und die Welt, in der sie leben, erfahren.

Ebenso geht es um das Verteilen der Firm-tagebücher und ein erstes Sich-bekannt-Machen damit und um die Erwartungen der Teilnehme-rInnen.

Eine wesentliche Frage betrifft in der ersten Gruppenstunde die äußeren Gegebenheiten eines Raums, wo man sich wohl fühlt. Dieser Frage widmen wir ein besonderes Augenmerk und gehen ausführlicher mit Fragen darauf ein, wie zum Beispiel:

- Wo fühlst du dich wohl?
- Wohin ziehst du dich zurück, wenn du traurig oder bedrückt bist?
- Wohin bist du in solchen Situationen vor vier oder acht Jahren gegangen?
- Hat sich dieser Raum gewandelt oder ist es noch derselbe?

In der Reflexion kann jeder und jede erzählen, was heute bedeutsam war.

- Was hast du heute über dich oder andere Neues erfahren?

Doch zuerst zum Kennenlernen und zum eigenen Befinden am Anfang. Eine Möglichkeit ist es, jede Gruppenstunde mit demselben rituali-sierten Spiel zu beginnen. Wir verwenden dazu die so genannten Schatzkarten.

1. Schatzkarten

Bei den Schatzkarten handelt es sich um ein schöpferisches Spiel des kreativen Denkens. Es sind ansichtskartengroße Karten, auf die ver-schiedenste Kräfte und Fähigkeiten, die tief in jedem Menschen schlummern, eben Schätze, notiert sind. (Das Original, bestehend aus 78 künstlerisch gestalteten Karten, ist erhältlich bei: Brigitta Lipold, Verlag El Mutamaku, A-4754 Andrichtsfurt 11.)

Eine einfache Form dieser Karten ist leicht selbst herzustellen. Auf den folgenden Seiten finden Sie eine Kopiervorlage. Einfach auf stärkeres Papier (160–200 Gramm) in Größe DIN-A-6 (Ansichtskarte) kopieren und ausschneiden. Wer mag, kann sie noch mit ein paar farbigen Pinselstrichen illustrieren.

Zum ersten Kennenlernen empfiehlt es sich, die Karten, die Schätze, offen, das heißt mit der Schrift nach oben aufzulegen. Die Firmlinge können dann jenen Schatz, jene Kraft oder auch zwei Kräfte wählen, die sie im Moment und im Hinblick auf die Firmvorbereitung besonders anspricht. In den folgenden Stunden können diese Schatzkarten auch verdeckt aufgelegt werden und die TeilnehmerInnen, Firmlinge und Begleiter ziehen eine Karte.

Die Fragen, denen wir jedes Mal nachgehen, können lauten: »Wie geht es mir?«, »Was beschäftigt mich?«, »Was bedeutet meine Schatzkarte für mich?«, »Wie passt sie heute zu mir?«, »Welche Erwartungen habe ich an die Firmvorbereitung, die heutige Stunde?«.

 *Schatzkarte*

Begeisterung

 *Schatzkarte*

Selbstvertrauen

 *Schatzkarte*

Humor

 *Schatzkarte*

Glück

 *Schatzkarte*

Kreativität

 *Schatzkarte*

Friede

 *Schatzkarte*

Freude

 Schatzkarte

Ehrlichkeit

 *Schatzkarte*

Ruhe

 *Schatzkarte*

Loslassen

 *Schatzkarte*

Heilung

 *Schatzkarte*

Vertrauen

Schatzkarte

Stille

Schatzkarte

Zärtlichkeit

Schatzkarte

Lebendigkeit

Schatzkarte

Verantwortung

Schatzkarte

Kraft

Schatzkarte

Mut

Schatzkarte

Gefühl

Schatzkarte

Wahrheit

Schatzkarte

Liebe

Schatzkarte

Dankbarkeit

Schatzkarte

Genuss

Schatzkarte

Glaube

Als Alternative zu den Schatzkarten ist auch möglich:

1. »Wer gehört zu wem?«

Aus den mitgebrachten Fotos gibt jede/r eines von sich selbst und eines oder mehrere von seinen/ihren Eltern in eine große Schachtel. Die Bilder werden kräftig durcheinander gemischt und in der Mitte aufgelegt.

Nun beginnt das Fotoquiz: Zu den Fotos der Mitspieler werden die passenden Eltern gesucht und entsprechend zusammengelegt. Erst wenn alle Fotos gelegt sind, wird das Geheimnis gelüftet: Passen die Eltern oder passen sie nicht?

2. Firmtagebuch (S. 6-13)

»Mein Firmtagebuch« wird verteilt. Nach einem kurzen Schmökern sollen die Firmlinge und ebenso die BegleiterInnen in ihr Firmbuch Herkunft, Name und was sonst noch wichtig ist einschreiben und die Frage »An meiner Familie gefällt mir ...« beantworten. Die mitgebrachten Fotos können eingeklebt werden.

Die Firmlinge beantworten dann die Frage nach dem eigenen Frei-Raum. Dann wird der Frei-Raum gegenseitig vorgelesen oder erzählt. Wie bereits oben erwähnt, gehen wir besonders auf die Frage nach dem eigenen Raum des Wohlfühlens, die eigene »Kummerecke« ein. Auch die Erwachsenen sollen von ihrem Raum erzählen – wie er sich mit den Jahren verändert hat oder stets sehr ähnlich geblieben ist.

Anschließend wird »Gemeinsam unterwegs« ausgefüllt. Bei »Zu unserer Firmgruppe gehören ...« kann zum Beispiel ein Gruppenfoto gemacht und bis zur nächsten Stunde entwickelt werden. Alle Gruppenmitglieder können unterschreiben.

3. Wiedereingliederung

Zur Reflexion werden folgende Impulsfragen gestellt:

- Was war heute bedeutsam für mich?
- Welche Frage beschäftigt mich noch?
- Was geht mir durch den Kopf?
- Was geht mir durch den Bauch?
- Welcher Satz von ... beschäftigt mich?
- Was möchte ich nächstes Mal anders machen?

und andere Fragen mehr.

Danach kann zum Beispiel gemeinsam Obst geschnitten und angerichtet werden. Das gemeinsame Essen bildet den Abschluss.

2. Stunde
Mein innerer Raum – Feuer in mir

Material:

- Schatzkarten
- Firmtagebuch
- Schreibstifte

Zugang:

Neben dem äußeren Raum ist für jeden Menschen der innere Raum von großer Bedeutung. Gerade in Zeiten der Wandlung – Pubertät, Midlife-Crises – ist ein verstärkter Kontakt nötig, um nahe bei sich zu bleiben. Dieser innere Raum wird in unserer Gesellschaft so vernachlässigt, dass viele Menschen, vor allem die »Realisten«, diesen Raum sogar als gar nicht vorhanden leugnen. Diesen inneren Raum können wir Seele, Feuer oder Quelle nennen. Mit diesem inneren Raum in Beziehung zu sein, das Feuer zu hüten oder die Quelle zu bewachen, ist Spiritualität oder Religiosität im eigentlichen Sinn. Ruhe und Stille – draußen im urigen Wald oder zu Hause vor einer kleinen Kerze – sind Wege, dem inneren Raum zu lauschen und sich selbst zu spüren.

1. Schatzkarten (diesmal vielleicht verdeckt)
Oder:
»Blind führen lassen«

Paarübung: Einer schließt die Augen und lässt sich bei ruhiger Musik »blind« durch den Raum führen. Wer es lieber abenteuerlicher hat, kann dies auch im Garten oder Wald mit verbundenen

Augen durchführen. Nach mehreren Minuten Rollen wechseln. Im Wald ist oft mehr Zeit nötig. Kurzer Austausch:

- Wie war das für mich?
- Kann ich dem anderen vertrauen?
- Kann mir jemand blind vertrauen?
- Bin ich verantwortlich genug?

2. Feuer in mir (S. 14-21)

Zuerst wird der Text »Mein innerer Raum – Feuer in mir« gelesen. Das Gedicht »Ich bin ich« im Firmtagebuch wird zuerst von einem Firmling oder von zwei Firmlingen abwechselnd vorgelesen. In einer kurzen Phase der Stille kann jeder seinen bedeutsamsten Satz noch einmal laut lesen.

Dann zieht sich jeder kurz zurück und schreibt sich selbst einen Brief oder ein langes SMS. Absender ist das eigene Herz, die eigene Sehnsucht, das innere Feuer.

Hier sollte genügend Zeit gegeben werden. Es ist nicht wichtig, gleich zu antworten. Wichtig ist es, ehrlich zu sein. Niemand muss seine Gedanken und Gefühle nachher vorlesen und auch Rechtschreibfehler sind ohne Bedeutung. Wenn die Jugendlichen das wissen, fällt ihnen ein kreatives Schreiben viel leichter. Auch die Begleiter sollten diese Übung, wie immer, mitmachen.

Wer diese Stunde in einem geschlossenen Raum hält, kann hier meditative Musik spielen lassen. Auch Duftöle können stimmig sein. Im Garten (oder im Wald) unter einem hohen Baum können sich viele – vor allem Jungen und Männer – stärker mit sich selbst beschäftigen. Die Kraft der Bäume wirkt ansteckend und lässt uns Menschen ungeahnte Kräfte in uns entdecken.

Wer mag, kann nun das Erarbeitete vorlesen. Da dies sehr persönlich ist, sollte es freiwillig geschehen und niemand sollte dazu gedrängt werden.

3. Wiedereingliederung

Zur Reflexion werden folgende Impulsfragen gestellt:

- Was war heute bedeutsam für mich?
- Welche Frage beschäftigt mich noch?

- Was geht mir durch den Kopf?
- Was geht mir durch den Bauch?
- Welcher Satz von ... beschäftigt mich?
- Was möchte ich nächstes Mal anders machen?

und andere Fragen mehr.

Wer diese Stunde in der Natur hält, hat vielleicht die Möglichkeit, beim Briefschreiben, Vorlesen oder erst zur Wiedereingliederung ein kleines Feuer zu machen und so im Kreis sitzend über das innere Feuer zu reflektieren.

Im Anschluss wäre es auch möglich, Würstchen zu grillen.

Wer die Stunde im Haus oder der Wohnung hält, kann in der Gemeinschaft eine »feurige« Speise (Chili con carne) zubereiten. Es ist nicht notwendig, dass nach jeder Stunde gegessen wird, aber es ist einfach schön und beim Kochen und Essen ergeben sich häufig wunderbare Gespräche.

3. Stunde

Firmung – Das Feuer hüten

Material:

- Schatzkarten
- Firmtagebuch
- Plakat
- Plakatstifte
- Wachsmalkreiden
- Evtl. diverse Illustrierte für Collagen

Zugang:

In dieser Stunde geht es um das Verständnis des Sakramentes der Firmung. Die Firmlinge erhalten Impulse, ihr Feuer, ihren inneren Raum, ihre Sehnsucht, ihre Kraft der Wandlung als Wirken des Heiligen Geistes zu verstehen.

Firmung bedeutet, diese Wandlungskraft dankbar anzuerkennen. Zuerst jeder für sich selbst, dann aber auch durch Firmbegleiter, Paten, Mentoren, Eltern und Firmspender. Durch Anerkennung und Segnung kommt diese Kraft erst recht zur Geltung und Wirkung. Das Verborgene wird aus der Tiefe geholt.

1. Schatzkarten

Oder:

»Elternhock«

Jede/r Firmling spielt den eigenen Vater bzw. die eigene Mutter und spricht über seinen Sohn/ihre Tochter. Oft ist es hilfreich, wenn die Mädchen und Jungen typische Kleidungsstücke ihrer Eltern als Requisiten mitbringen. (In der vorhergehenden Stunde ankündigen!).

Im Vorraum »verwandeln« sich die Firmlinge in ihren Vater/ihre Mutter und kommen dann ins Wohnzimmer zum »Elternhock«. Hier sprechen sie mit dem Firmbegleiter, der Firmbegleiterin über »ihr Kind«. Worauf bin ich stolz? Was gefällt mir besonders an meinem Kind? Worüber muss ich mich immer wieder ärgern? Wie hat sich mein Kind die letzten Jahre verändert?

Anfangs wird der Begleiter noch kräftig den Ton angeben, doch schon bald kann eine hitzige Diskussion entstehen.

Nach ca. 30 Minuten empfiehlt es sich, das Rollenspiel abzubrechen, alle zu »entrollen« (am besten wieder im Vorraum) und dann eine kurze Reflexionsrunde durchzuführen.

2. Das Feuer hüten (S. 24 ff.)

Zuerst wird der Text mit verteilten Rollen gelesen und besprochen. Dann kann ein Plakat gestaltet werden. Entweder werden nur Schlagworte zum Thema Firmung aufgeschrieben oder das Thema wird mit Wachsmalkreiden oder anderen Farben kreativ gestaltet. Auch eine Collage mit Ausschnitten aus Illustrierten kann gestaltet werden.

Diese Plakate können später in der Pfarrkirche aufgehängt werden.

Falls für den Firmgottesdienst eine Fahne gestaltet wird, besteht hier die Möglichkeit, dass die Firmgruppe ein Tuch (ca. 80 × 60 cm) zum Thema: »Feuer in mir« oder »Meine Begabung« bemalt. Siehe auch »Praxis C – Liturgie« (S. 75).

3. Wiedereingliederung

Zur Reflexion werden folgende Impulsfragen gestellt:

- Was war heute bedeutsam für mich?
- Welche Frage beschäftigt mich noch?
- Was geht mir durch den Kopf?
- Was geht mir durch den Bauch?
- Welcher Satz von ... beschäftigt mich?
- Was möchte ich nächstes Mal anders machen?

und andere Fragen mehr.

4. Stunde
Labyrinth – Ich gehe meinen Weg

Material:

- Firmtagebuch
- Farbstifte
- Meditative Musik

Zugang:

Neben dem Feuer ist auch der Weg, das Labyrinth, ein altes Motiv für das Leben. In dieser Stunde erhalten die Jugendlichen Impulse, ihr Leben als sich stets wandelnden Weg zu begreifen.

Das Labyrinth mit seinen Wendungen ist uns dabei ein beliebtes, weil anschauliches Symbol geworden. In der Mitte, im Zentrum des Labyrinths, steht für uns das Lebensfeuer, die tiefe innere Sehnsucht, zu der wir hinstreben. Die Wendungen des Labyrinths sind für uns zum einen jene freudigen und feurigen Ereignisse unseres Lebens, für die wir dankbar sind. Zum anderen sind es auch tief verletzende Schicksalsschläge, emotionale Erlebnisse von Trauer, Angst und Schmerz, die wir vielleicht im Nachhinein als sehr lehrreich erlebten.

1. Schatzkarten

Oder:

»Starinterview im Jahr 2020«

Die Firmlinge bilden dabei Paare und stellen sich vor: Wir schreiben das Jahr 2020. Eine/r spielt dabei einen Reporter, der/ die andere ist ein Star (Sportler des Jahres, Rockstar, Bundespräsident, Päpstin usw.).

Mögliche Fragen:

● Was sind die Rezepte zu Ihrem Erfolg?
● Wer ist Ihr Vorbild?
● Was war der bedeutsamste Augenblick Ihres Lebens?
● Was war die bedeutendste Entscheidung? Wem sind Sie dankbar?
● Welchen Tipp für das Leben geben Sie an Ihre jugendlichen Fans?
● Was ist das Wichtigste in Ihrem Leben? ...

Rollentausch. Kurzer Austausch in der Gruppe.

2. Labyrinth (S. 34 ff.)

Zuerst den Text »Labyrinth« im Firmtagebuch lesen und eventuell offene Fragen beantworten. Dann, wie im Firmtagebuch angegeben, den Weg des Labyrinths mit Farbstift nachfahren und tief greifende Ereignisse – Höhepunkte und Tiefpunkte – in Symbolen darstellen. Ebenso die eigene Lebensmitte im Zentrum des Labyrinths.

Im Hintergrund ist hier meditative Musik sehr angenehm.

Dann können sich die Firmlinge ihr Labyrinth gegenseitig vorstellen oder erzählen, wie es ihnen bei dieser Übung ergangen ist.

3. Reflexion

Zur Reflexion werden folgende Impulsfragen gestellt:

● Was war heute bedeutsam für mich?
● Welche Frage beschäftigt mich noch?
● Was geht mir durch den Kopf?
● Was geht mir durch den Bauch?
● Welcher Satz von ... beschäftigt mich?
● Was möchte ich nächstes Mal anders machen? und andere Fragen mehr.

Weitere Ideen zum Thema Labyrinth, beispielsweise das Anlegen eines Pflanzenlabyrinths, finden Sie in »Praxis B – Weitere Aktionen« (S. 69).

5. Stunde

Ostergeheimnis – Das Kind stirbt und ein Erwachsener steht auf

Material:

● Firmtagebuch

Zugang:

Eines der Tabuthemen unserer heutigen Gesellschaft ist der persönliche Glaube, die eigene Jesusbeziehung. Das ist auch gut so. Ich möchte auch zuerst »sieben Mal« mit jemandem essen, bevor ich über so ein intimes Thema spreche. Tabu heißt ja wörtlich »heilige Grenze«.

In vielen Fällen kommt der persönliche Glaube auch in Krisensituationen zur Sprache. In vertrautem Gespräch kann die Frage nach Gott und dem Sinn des Lebens gestellt werden.

Am Wunder »Auferweckung« sollen die Firmlinge über ihr Jesusbild nachdenken und im gemeinsamen Austausch ihre Jesusbeziehung reflektieren. Es besteht auch die Möglichkeit, dass die Firmlinge ihre Glaubens- und Lebensfragen formulieren und miteinander besprechen.

Da in unserer Pfarrei viele Firmbegleiter Eltern sind, die eine Scheu vor diesem Thema haben, haben wir die »biblischen Nachmittage« eingerichtet, das heißt, diese Nachmittage werden von theologisch geschulten Hauptamtlichen geleitet. Wer diese Möglichkeit nicht hat, weil es sie in der Pfarrei nicht gibt oder weil sich kein Jugendlicher der Gruppe zu diesem Nachmittag freiwillig gemeldet hat, empfehlen wir die kurze theologische Deutung dieser Bibelstelle in »Praxis B – Biblische Nachmittage« (S. 53).

1. Schatzkarten

Oder:

»Pendeln«

Die Gruppe bildet einen engen Kreis, gerade so, dass eine/r, der/die in der Mitte steht, gut von allen mit ausgestreckten Armen erreicht werden kann.

Wer will, tritt in die Mitte, schließt die Augen und lässt sich nun wie ein Pendel sanft hin- und herschwingen, wobei die Gruppe ihn/sie auffängt und dafür verantwortlich ist, dass die Bewegungen behutsam durchgeführt werden und der/die Pendelnde nicht irgendwo aus dem Kreis zu Boden stürzt. Auch dazu gibt es wieder ruhige Musik.

Empfehlenswert ist es, wenn die Firmbegleiter diese Übung bereits in einem Vorbereitungstreffen untereinander üben. Ratsam ist es, im Anschluss an diese Übung eine kurze Austauschrunde durchzuführen. Die Firmlinge können einander mitteilen, wie es ihnen im Verlauf dieser Übung ergangen ist, wie viel Vertrauen sie der Gruppe entgegenbringen konnten.

2. Ostergeheimnis (vgl. Firmtagebuch, S. 41)

Die Firmlinge lesen die zwei Aussagen über Jesus von Dorothee Sölle und Eugen Drewermann. Kurzer Austausch und dann Impulsfragen:

- Wann kommst du auf Jesus zu sprechen?
- Was weißt du über Jesus?
- Was gefällt/missfällt dir an Jesus?
- Wer ist Jesus für dich?

Die Mädchen lesen die Geschichte von der Auferweckung der Tochter des Jairus, die Jungen die Geschichte des Jünglings von Nain.

Gemeinsame Erschließung des Textes in der Art der biblischen Nachmittage.

3. Reflexion

Zur Reflexion werden folgende Impulsfragen gestellt:

- Was war heute bedeutsam für mich?
- Welche Frage beschäftigt mich noch?
- Was geht mir durch den Kopf?
- Was geht mir durch den Bauch?

- Welcher Satz von ... beschäftigt mich?
- Was möchte ich nächstes Mal anders machen? und andere Fragen mehr.

Falls es in Ihrer Pfarrei eine Morgenwallfahrt am Karsamstag gibt, ist für diese Stunde ein idealer Termin der Karfreitag nach dem Gottesdienstbesuch. Hier kann zuerst diese Firmstunde durchgeführt werden, anschließend gibt es eine traditionelle vegetarische Karfreitag-Speise. Alle Jugendlichen vergnügen sich und schlafen, wenn möglich, beim Firmbegleiter. Pünktlich um fünf Uhr früh ist dann die Morgenwallfahrt.

6. Stunde
Gemeinsam auf dem Weg

Material:

- Firmtagebuch
- Fragekärtchen

Zugang:

Für viele Menschen ist es hilfreich zu wissen, dass wir nicht alleine auf dem Weg sind, sondern dass viele gemeinsam nach Glück und Lebenssinn suchen. Eine große Organisation, die nach dem letzten Sinn- und Daseinsgrund fragt, sind die Kirchen.

Auch wenn viele Firmlinge und auch deren Eltern den Kirchen fern stehen, ist es gut zu wissen, was diese Kirchen ausmacht, was das Wesen der Kirchen ist. Aber auch für jene, die sich zwar firmen lassen, aber mit den Kirchen keinen näheren Kontakt pflegen wollen, ist es hilfreich zu hören, dass es nur einen Sinn im Leben geben kann, wenn wir uns unter etwas Größeres stellen und zum Wohle der Gemeinschaft leben.

1. Schatzkarten

Oder:

Koffer packen

Der/die FirmbegleiterIn hat bereits verschiedene Fragekärtchen vorbereitet und umgekehrt auf die Tischmitte gelegt. Für jedes Gruppenmitglied sollte mindestens ein Kärtchen bereitliegen. Reihum werden nun die Kärtchen gezogen und jede/r beantwortet – möglichst kurz und spontan – die jeweilige Frage:

- Du musst auf schnellstem Weg deine Heimat verlassen. Mehr als in einen Koffer hineinpasst, kannst du nicht mitnehmen. Was nimmst du auf jeden Fall mit?
- Du sollst ins Fernsehen. Deine Sendezeit ist nur sehr kurz. Dafür kannst du sie nutzen, wozu du willst. Was würdest du sagen, erklären, wünschen ...?
- Du begegnest einer guten Fee. Sie erfüllt dir – wie üblich – drei Wünsche. Was wünschst du dir?
- Du wirst ganz unerwartet zu einer Reise eingeladen. In zwei Stunden musst du am Bahnhof sein – mehr weißt du nicht. Was tust du?
- Du hast im Lotto 2,3 Millionen Euro gewonnen. Was wirst du jetzt unternehmen?
- Du hast die Möglichkeit, dich mit drei Persönlichkeiten des öffentlichen Lebens (Film, Sport, Politik, Theater, Kunst, Zeitung, Kirche) zu treffen. Mit wem würdest du dich gerne treffen und was würdest du dabei unternehmen?

Es gibt noch viele weitere Fragen

2. Gemeinsam auf dem Weg (S. 44-49)

Firmlinge lesen den Text im Firmtagebuch mit verteilten Rollen. Anschließend wird über den Text und die Kirchen bzw. die eigene Pfarrgemeinde gesprochen.

Mögliche Fragen:

- Wie erlebst du die Weltkirche bzw. deine Heimatpfarrei?
- Was gefällt/missfällt dir in den Kirchen und deiner Heimatpfarrei?
- Wie geht es dir mit den Gottesdiensten?
- Sind die Kirchen deiner Meinung nach verwurzelt in Gott?
- Bist du verwurzelt in »etwas Größerem«?
- Sind die Kirchen genug politisch oder zu wenig politisch?

- Erlebst du in den Kirchen Geschwisterlichkeit?

3. Reflexion

Zur Reflexion werden folgende Impulsfragen gestellt:

- Was war heute bedeutsam für mich?
- Welche Frage beschäftigt mich noch?
- Was geht mir durch den Kopf?
- Was geht mir durch den Bauch?
- Welcher Satz von ... beschäftigt mich?
- Was möchte ich nächstes Mal anders machen?

und andere Fragen mehr.

7. Stunde
Firmung – Das Ritual

Material:

- Firmtagebuch
- Evtl. meditative Musik und Massageöl

Zugang:

Gebärden und Rituale sind etwas Wichtiges im Leben jedes Menschen. Die innere Haltung dabei ist von großer Bedeutung. Da viele Firmlinge unerfahren sind in Bezug auf Gottesdienste, ist es gut, dies einzuüben. Die Firmlinge sollen im Ritual mit sich selbst in Kontakt kommen. Diese Stunde kann ihnen dabei vielleicht eine Hilfe sein.

1. Schatzkarten

Oder:

Rituale, Gebärden darstellen

Die Firmlinge stellen pantomimisch verschiedene »Rituale des Alltags« (alleine oder in Paaren) dar. Am besten werden diese Rituale und Gebärden vorher auf kleine Zettel geschrieben.

Zum Beispiel:

- Mutter verabschiedet ihr Kind vor einem längeren Ferienaufenthalt
- Fuß-/Handballer schießt ein Tor

- Zwei Freunde begrüßen sich
- Priester segnet seine Gemeinde
- Lehrerin betritt die Klasse
- Zwei Geschäftspartner schließen einen Vertrag
- Priester firmt einen Firmling
- Ein Jugendlicher schwört etwas

2. Das Ritual der Firmung (S. 52-55)

»Die Firmung – das Ritual« (vgl. »Mein Firmtagebuch«) wird von den Firmlingen abwechselnd gelesen.

Impulsgespräch über die Bedeutung der Gesten und Riten:

- **Bekenntnis zum Glauben**
- Worauf vertraust du?
- Was ist dir in deinem Leben wichtig?

- **Das Herausschreiten**
- Ist ein Unterschied in deinem Gehen, wenn du eine Schule betrittst oder ein Fußballstadion, ein Geschäft, eine Kirche, ein Museum (evtl. pantomimisch darstellen)?
- Wann/Wo gehst du bewusst aufrecht?
- Wann/Wo gehst du lässig und schlaksig?

- **Die Handauflegung**
- Wer hält seine schützende Hand über dich?
- Für wen würdest du die Hand ins Feuer legen?
- Wer hält für dich die Hand ins Feuer?

- **Die Salbung**
- Wo/Wann salbst du dich ein?
- Bist du schon einmal massiert worden?
- Wer salbt dich, das heißt: Wer gibt dir deine Würde?
- Wer respektiert dich, so wie du bist?

Im Anschluss kann das Firmritual mit den einzelnen Rollen eingeübt werden. Jede und jeder sollte dabei mindestens einmal Firmling, Pate und Firmspender sein. Dabei geht es weniger um ein Einüben des richtigen Ablaufs, sondern vielmehr um ein Hineinspüren in die eigene Haltung.

Bei der Salbung ist es sehr schön, Massageöl in eine kostbare Schale zu geben und damit zu salben.

3. Reflexion

Zur Reflexion werden folgende Impulsfragen gestellt:

- Was war heute bedeutsam für mich?
- Welche Frage beschäftigt mich noch?
- Was geht mir durch den Kopf?
- Was geht mir durch den Bauch?
- Welcher Satz von … beschäftigt mich?
- Was möchte ich nächstes Mal anders machen?

und andere Fragen mehr.

Im Anschluss wird von den Firmbegleitern das Gedicht: »Deine Augen« im Firmtagebuch vorgelesen. Vielleicht ergibt sich daraus auch eine Segnung oder die Firmlinge massieren sich zum Abschluss der Firmvorbereitung gegenseitig Rücken oder Füße.

Die Firmlinge können ermuntert werden, das Firmbuch mit Fotos, Erinnerungen, Gedichten oder als Poesiealbum weiterzuführen und aufzubewahren.

Dann kann noch gemeinsam gekocht und gegessen werden.

Als Autoren wünschen wir Ihnen, liebe Firmbegleiter und Firmbegleiterinnen, viel Freude und Erfolg bei Ihrer verantwortungsvollen Aufgabe.

Wir möchten nochmals darauf hinweisen, wie wichtig es in jeder Gruppenstunde ist, dass Sie authentisch, also sich selbst treu bleiben. Wenn Ihnen eine Stunde – vom Thema oder Ablauf – nicht behagt, dann nehmen Sie sich die Freiheit und verändern Sie diese nach Ihrem Gutdünken.

Alles Gute!

Praxis B – Aktionen

*Bertolt Brecht wurde einmal gefragt,
welches sein Lieblingsbuch sei,
und er antwortete:
»Sie werden lachen,
die Bibel.«*

Biblische Nachmittage

Die biblischen Samstagnachmittage entstanden bei uns in der Gemeinde aus der Situation, dass viele Firmbegleiter Schwierigkeiten hatten, eine Firmstunde mit biblischem Inhalt zu gestalten. Da die Bibel in der Firmvorbereitung ausgesprochen wichtig ist, haben wir theologisch geschulten Firmverantwortlichen diesen Teil übernommen.

Eingeladen waren drei oder vier gleichgeschlechtliche Firmgruppen mit deren Firmbegleitern. Für die Begleiter bestand keine Verpflichtung, doch achteten wir darauf, dass bei zwanzig Firmlingen mindestens vier oder mehr Erwachsene verschiedenen Alters, also auch Großeltern, Paten und engagierte Leute aus der Pfarrei dabei waren. Die Begleiter haben dabei keine besondere Aufgabe. Es geht mehr um eine Anwesenheit und Würdigung der Jugend seitens der Erwachsenen aus der Gemeinde.

Dieser Nachmittag kann auch als Firmstunde 5 (siehe S. 49) gestaltet werden: »Ostergeheimnis – Ein Kind stirbt und ein Erwachsener steht auf.«

Die spirituellen Gedanken zu diesen Nachmittagen sind durch das empfehlenswerte Buch von Pater Anselm Grün und Maria-M. Robben: »Finde deine Lebensspur. Die Wunden der Kindheit heilen – Spirituelle Impulse«[2] entstanden.

ie Tochter des Jairus

Mädchen, ich sage dir, steh auf!

Mk 5, 21 –43

Jesus fuhr im Boot wieder ans andere Ufer hinüber, und eine große Menschenmenge versammelte sich um ihn. Während er noch am See war, kam ein Synagogenvorsteher namens Jairus, das heißt: »Jahwe erweckt« zu ihm. Als er Jesus sah, fiel er ihm zu Füßen und flehte ihn um Hilfe an; er sagte: Meine Tochter liegt im Sterben. Komm und lege ihr die Hände auf, damit sie wieder gesund wird und am Leben bleibt. Da ging Jesus mit ihm.

(Viele Menschen folgten ihm und drängten sich um ihn. Darunter war eine Frau, die schon zwölf Jahre an Blutungen litt. Sie war von vielen Ärzten behandelt worden und hatte dabei sehr zu leiden; ihr ganzes Vermögen hatte sie ausgegeben, aber es hatte ihr nichts genutzt, sondern ihr Zustand war immer schlimmer geworden. Sie hatte von Jesus gehört. Nun drängte sie sich in der Menge von hinten an ihn heran und berührte sein Gewand. Denn sie dachte sich: Wenn ich auch nur sein Gewand berühre, werde ich geheilt. Sofort hörte ihre Blutung auf, und sie spürte deutlich, dass sie von ihrem Leiden geheilt war. Im selben Augenblick fühlte Jesus, dass eine Kraft von ihm ausströmte, und er wandte sich in dem Gedränge um und fragte: Wer hat mein Gewand berührt? Seine Jünger sagten zu ihm: Du siehst doch, wie sich die Leute um dich drängen, und da fragst du: Wer hat mich berührt? Er blickte umher, um zu sehen, wer es getan hatte. Da kam die Frau, zitternd vor Furcht, weil sie wusste, was mit ihr geschehen war; sie fiel vor ihm nieder und sagte ihm die ganze Wahrheit. Er aber sagte zu ihr: Meine Tochter, dein Glaube hat dir geholfen. Geh in Frieden! Du sollst von deinem Leiden geheilt sein.)

Während Jesus noch redete, kamen Leute, die zum Haus des Synagogenvorstehers gehörten, und sagten (zu Jairus): Deine Tochter ist gestorben. Warum bemühst du den Meister noch länger? Jesus, der diese Worte gehört hatte, sagte zu dem Synagogenvorsteher: Sei ohne Furcht; glaube nur! Und er ließ keinen mitkommen, außer Petrus, Jakobus und Johannes, den Bruder des Jakobus. Sie gingen zum Haus des Synagogenvorstehers. Als Jesus den Lärm bemerkte und hörte, wie die Leute laut weinten und jammerten, trat er ein und sagte zu ihnen: Warum schreit und weint ihr? Das Kind ist nicht gestorben, es schläft nur. Da lachten sie ihn aus. Er aber schickte alle hinaus und nahm außer seinen Begleitern nur die Eltern mit in den Raum, in dem das Kind lag. Er fasste das Kind an der Hand und sagte zu ihm: »Talita kum!«, das heißt übersetzt: »Mädchen, ich sage dir, steh auf!« Sofort stand das Mädchen auf und ging umher. Es war zwölf Jahre alt. Die Leute gerieten außer sich vor Entsetzen. Doch er schärfte ihnen ein, niemand dürfe etwas davon erfahren; dann sagte er, man solle dem Mädchen etwas zu essen geben.«

Zugang

Ich möchte Sie einladen, diese Beziehungsgeschichte etwas aus dem Blickwinkel der zwölfjährigen Tochter zu betrachten. Die biblischen Texte lassen ja sehr viel offen und so können wir die Bilder mit unserer eigenen Lebensgeschichte füllen.

Zum einen haben wir einen Synagogenvorsteher. Für uns Christen wäre das vielleicht ein Priester, Gemeindeleiter oder Pastoralassistent. Vermutlich ist er tief gläubig und hat seine religiösen Überzeugungen. Vielleicht behandelt er seine Tochter in einer Art, wie er in seinem Beruf mit seinen Gemeindemitgliedern umgeht und er vermischt seine Vaterfunktion mit religiösen Ideen. Im Ton des Predigers bittet er zum Beispiel seine Tochter, im Keller ein Bier für ihn zu holen. Solche Rollenvermischungen irritieren die Tochter höchstwahrscheinlich. Denn sie, die das Menschliche, die Fehler und Schwächen, an ihrem Vater wahrnimmt, muss die Augen davor verschließen und schweigen, denn in der Gemeinde gilt der Vater als absolute Autorität. Ähnlich geht es vielen Töchtern, deren Väter in Beruf, Gemeinde oder Vereinen eine übergeordnete Rolle besetzen. Als kleines Mädchen fällt es eventuell leichter, die Tochter dieses Vaters zu sein. Vielleicht ist sie sogar stolz auf ihren Papa. Mit dem Beginn der Pubertät (im damaligen Israel war ein zwölfjähriges Mädchen bereits heiratsfähig) erwacht im Mädchen eine neue Lebendigkeit. Doch um dem Vater zu gefallen, muss sie diese Lebendigkeit unterdrücken und sterben lassen. Dadurch wird sie krank.

Der Vater übersieht ihre Lebendigkeit. Wahrscheinlich hat auch er Angst vor der aufkeimenden Sexualität seiner Tochter. Um zu überleben, flüchtet die Tochter in ihre Krankheit. Dadurch findet sie aber nicht zum Leben, sondern gerät immer mehr in den Strudel des Todes.

Die Tochter hat in der Geschichte keinen Namen. Vielleicht muss sie ihn erst noch entdecken, wenn sie durch ihre Krise hindurch ist und ihren einmaligen Namen, ihren von Gott gegebenen Lebenssinn entfaltet. Der Vater heißt jedoch Jairus. Das bedeutet: »Gott erleuchtet« oder »Gott erweckt«. Der Vater kann lange auf seine Tochter einreden und sie zu heilen versuchen. Sie wird nicht gesund werden, denn er selbst bzw. die Beziehung ist ja das Problem.

»Gott erweckt«: Jesus erkennt das Thema. Er spürt, dass die Furcht des Vaters das eigentliche Problem ist und so heilt er zuerst den Vater: »Sei ohne Furcht; glaube nur!« (Mk 5, 36). »Weil der Vater Angst hat, will er sie (die Tochter) kontrollieren. Aus Angst unterdrückt er ihre Sexualität. Aus Angst vor ihrem Frausein hindert er sie daran, ihre eigene Identität zu entwickeln ... Weil Jesus den Mann versteht, kann er ihn aus seiner ängstlichen Bindung an die Tochter befreien und auf die eigenen Füße stellen.«[3] Jesus verurteilt Jairus nicht wegen seiner Furcht. Er lässt sie gelten. Dadurch kann Jairus seine Furcht anschauen und sich von ihr distanzieren. Ein zweiter wesentlicher Schritt des großen Therapeuten Jesu ist seine Aufforderung: »Glaube nur!« Dies bedeutet in diesem Zusammenhang, dass Jairus auf das Leben, auf die natürliche Entwicklung seiner Tochter und letztlich auf Gott vertrauen soll, dass er seine Tochter loslassen soll, damit sie sich ihrem Wesen entsprechend entfalten kann.

»Warum schreit und weint ihr? Das Kind ist nicht gestorben, es schläft nur« (Mk 5,39), sagt Jesus zu den Leuten, die das Mädchen laut beweinen und erntet dafür nur Lachen. Jesus erkennt, dass das Mädchen nur in ihrer alten Rolle als brave und angepasste Tochter gestorben ist. Sie musste ihre Identität als Kind ablegen und die Bindung an ihren Vater lösen. Dieser Identitätswechsel ist nach außen ein Sterben; nach innen jedoch ein Schlaf der Verwandlung.

Jesus geht auf sie zu, fasst sie an der Hand und sagt zu ihr: »Mädchen, ich sage dir, steh auf!« (Mk 5, 41). Indem Jesus ihre Hand fasst, schenkt er ihr von seiner Kraft. Er stärkt sie und fordert sie auf, sich auf die eigenen Füße zu stellen und die Verantwortung für ihr Leben zu übernehmen. Firmung bedeutet, wie wir oben bereits erwähnten, nicht nur »stärken«, sondern auch »auf die Füße stellen«. Was hier beschrieben wird ist ein oft langer und schmerzlicher Prozess: Die Tochter traut sich nun ihren eigenen Weg zu gehen, ohne den Vater vorher fragen zu müssen, ob es so gut sei, ob sie das dürfe oder nicht. Jesus weckt in dem Mädchen den Mut, zu sich selbst zu stehen. Auferweckung »geschieht nicht nur nach unserem Tod, sondern mitten in unserem Leben. Immer wenn ein Mensch aufsteht, sich auf die eigenen Füße stellt und seinen Weg geht, dann ist er auferstanden, dann hat er teil an der Auferstehung Jesu«.[4]

Zwei Anweisungen gibt Jesus noch zum Schluss: Zum einen den Befehl, niemandem von der Heilung zu erzählen. Denn das Mädchen braucht noch den Schutzraum des Schweigens, damit sie zu sich selbst finden kann. Sonst könnte der Vater das Wunder der Heilung zu seinem eigenen Ansehen missbrauchen.

Zum Zweiten befiehlt Jesus, dem Mädchen zu essen zu geben. Sie soll essen, ihren Leib und ihr Leben genießen und verantwortungsvoll mit ihrer Sexualität und ihrer Lust umgehen. Sie soll lernen, sich selbst zu nähren und für sich selbst Vater und Mutter zu sein.

Durchführung

Organisationsform

Samstagnachmittag 14.00 bis ca. 17.00 Uhr.

Gruppe:

Ca. 20 Mädchen und vier oder mehr erwachsene Frauen. Die erwachsenen Frauen können Firmbegleiterinnen, Mütter, Paten, Omas oder engagierte Frauen der Pfarrei sein.

Die Leiterin sollte eine theologische Ausbildung besitzen und über psychologische Grundkenntnisse verfügen bzw. wissen, wie gruppendynamischer Prozesse ablaufen können.

Raum:

Ein großer Raum.

Material

Großes schwarzes Tuch, »Mein Firmtagebuch«, große Kerze, Teelichter für jede Teilnehmerin, Brot, Saft, Schinken und dergleichen.

Ablauf:

Falls sich die Mädchen und/ oder die erwachsenen Frauen nicht kennen, ist ein Spiel zum Kennenlernen wichtig.

Dann setzen sich alle in einen Kreis und ein großes, schwarzes Tuch wird in die Mitte gelegt. Die Mädchen assoziieren: Trauer, Tod, Nacht, Finsternis, Angst usw.

Die Begriffe Tod, Trauer werden aufgenommen. Aber auch Angst, Finsternis werden mit hereingenommen.

Impulsfrage der Leiterin:

Stell dir vor, ein Vater sagt zu seiner Tochter: »Wenn du das tust, bist du für mich gestorben!«

- Welche Dinge müsstest du tun, damit dein Vater das sagt?
- Was davon würdest du selbst niemals tun?
- Welche Dinge würden dich reizen, auf die du aber deinem Vater, deiner Mutter zuliebe verzichtest?
- Was meint ihr, warum verbieten Eltern gewisse Dinge?
- Wie kann eine Tochter damit umgehen?

Zuerst sollten die Mädchen aus ihrer Lebenserfahrung antworten. Erst dann erzählen auch die erwachsenen Frauen von ihren Erfahrungen. Hier entsteht meist schon ein intensives Gespräch.

Anschließend wird die biblische Geschichte vorgelesen. Schon beim ersten Satz: »Jesus fuhr mit dem Boot ...«, wird eine große Kerze entzündet und in die Mitte gestellt. Wir lassen meist den Teil der blutflüssigen Frau aus. Von den Mädchen und den erwachsenen Frauen kommen meist hier schon erste deutende Erläuterungen. Durch geschicktes Nachfragen und eigene Interpretationen kann die Leiterin den Sinn der Perikope erarbeiten und leibhaftig werden lassen.

Kleine Teelichter werden bereit gestellt und jede, die mag, kann eine Fürbitte sprechen: Für Jairus, dessen Tochter, die Eltern von heute und die Mädchen von heute. Dabei entzündet das Mädchen das Teelicht an der großen Kerze und stellt es auf das große schwarze Tuch.

Brot, Saft, Schinken und andere Speisen werden zu dem Lichtermeer auf dem großen schwarzen Tuch gestellt.

Gemeinsam bilden wir einen Kreis, halten uns an den Händen und singen das »Vaterunser« oder »Manchmal feiern wir mitten im Tag, ein Fest der Auferstehung«.

Danach essen wir und genießen unseren Leib und unser Leben.

Zum Abschluss spendet die Leiterin allen Frauen und Mädchen den Segen mit der Bitte um Gottes Kraft und Mut, dass jede ihr eigenes Leben lebt.

Der Jüngling von Nain

Da richtete sich der Tote auf

Lk 7, 11 –17

Einige Zeit später ging Jesus in eine Stadt namens Nain; seine Jünger und eine große Menschenmenge folgten ihm. Als er in die Nähe des Stadttores kam, trug man gerade einen Toten heraus. Es war der einzige Sohn einer Mutter, einer Witwe. Und viele Leute aus der Stadt begleiteten sie. Als der Herr die Frau sah, hatte er Mitleid mit ihr und sagte zu ihr: Weine nicht! Dann ging er zur Bahre hin und fasste sie an. Die Träger blieben stehen, und er sagte: Ich befehle dir, junger Mann: Steh auf! Da richtete sich der Tote auf und begann zu sprechen, und Jesus gab ihn seiner Mutter zurück. Alle wurden von Furcht ergriffen; sie priesen Gott und sagten: Ein großer Prophet ist unter uns aufgetreten: Gott hat sich seines Volkes angenommen. Und die Kunde davon verbreitete sich überall in Judäa und im ganzen Gebiet ringsum.

Zugang

Lukas erzählt hier eine Mutter-Sohn-Beziehung. Der einzige (!) Sohn einer Witwe wird auf der Bahre aus der Stadt, dem mütterlichen Bereich, getragen. Der Sohn konnte oder wollte einfach nicht mehr leben. Die allein erziehende Mutter hat ihn offensichtlich zu sehr an sich gebunden. Der Sohn war ihr Freund und Partner, ihr Gegenüber für Gespräche und Unternehmungen.

Als der Sohn seine Reise in das Erwachsenenleben beginnen will, kann die Mutter nicht loslassen, lässt ihn nicht seinen Weg gehen, lässt ihn nicht sein Leben leben. Der Schweizer Kinder- und Jugendpsychologe Allan Guggenbühl spricht in diesem Zusammenhang von »Befindlichkeitsterror«. Wenn die offene Auseinandersetzung für Eltern und Heranwachsende zu anstrengend wird, kann es zu höchst subtilen, gegenseitigen Manipulationen kommen. »Wenn die Kinder nicht parieren oder ein heikles Thema aufgegriffen wird, dann werden körperliche oder psychische Beschwerden mobilisiert.«[5]

Ein Sohn möchte eine Party in der elterlichen Wohnung veranstalten. Alles ist arrangiert. Da bekommt die Mutter plötzlich Herzbeschwerden und die Party wird abgesagt. Ein anderer Sohn will mit Freundin und der gesamten Clique über Pfingsten an den Gardasee zum Zelten. Doch seine Mutter hat heftigste Migräneattacken. Er weiß auch, dass sie das verlängerte Wochenende allein – schlaflos und weinend – zu Hause wäre. Er sagt ab.

Die meisten Jugendlichen wollen nämlich nicht, dass es den Eltern schlecht geht. So wird, häufig auch unbewusst, die somatische oder psychische Befindlichkeit als Waffe eingesetzt und Sohn oder Tochter verzichten auf ihr eigenes Leben, damit sie nicht schuldig werden an der Krankheit und Not der Eltern.

Jesus geht daher in dieser Beziehungsgeschichte wieder zuerst auf die Mutter zu. »Weine nicht!« (Lk 7, 13), sagt er kurz. Dies sind keine Worte des Trostes, sondern eine Aufforderung, die Augen zu öffnen und die Beziehung anzuschauen.

Jesus erkennt, dass die Tränen der Mutter nicht um den Sohn geweint werden, sondern dass es Tränen des Selbstmitleides über ihre Verlassenheit und über das Alleinsein sind. Der indische Jesuitenpater Anthony de Mello versteht daher die Aufforderung Jesu als Appell, aufzuwachen: »Werden Sie wach, und hören Sie mit dem Weinen auf. Wachen Sie auf!«[6]

Die Mutter soll wach werden und die Illusion aufgeben, dass der Sohn sie glücklich machen soll. »Die Mutter soll den Sohn loslassen, damit er selber leben kann.«[7]

Im nächsten Schritt geht Jesus auf die Bahre, auf den Jüngling zu und spricht: »Ich befehle dir, junger Mann: Steh auf« (Lk 7, 14). Wörtlich heißt dieser feierliche Satz: »Junger Mann, ich sage dir: Wache auf!« Der junge Mann soll aufwachen aus dem Schlaf seiner Illusion. Er soll sich lösen aus der unguten Bindung an seine Mutter, er soll das Nest, die krank machenden Fleischtöpfe Ägyptens, verlassen. Er soll das Wagnis seines eigenen Lebens gehen, die Reise der Selbstwerdung beginnen.

Interessant ist, dass sich nun der Jüngling aufrichtet und zu sprechen beginnt. Vielleicht redet er in der angstfreien und heilsamen Begegnung mit Jesus über seine Situation als einziger Sohn der Witwe. Vielleicht kann er nun sagen, was er denkt und fühlt. Wenn er wach ist, muss er nicht mehr nachplappern, was die Mutter sagt. Er spricht selbst und kann ausdrücken, welche Begabung in ihm steckt, er kann seine Bedürfnisse anmelden und der alles vereinnahmenden Mutter Grenzen setzen. Er wacht auf und wird erwachsen.

Manche Menschen sind verwundert, dass Jesus den Jüngling seiner Mutter zurückgibt. Dies sieht nach Regression aus. Doch der Jüngling hat sich gewandelt, er spürt, dass er nur erwachsen sein kann, wenn er eine gute Beziehung zur Mutter hat. Ein Baum kann seine Krone nur entfalten, wenn er tiefe Wurzeln hat.

So meint Anselm Grün: »Nur der ist erwachsen, der sich von seiner Mutter abgrenzen kann, der mit ihr sprechen kann, ohne sich gegängelt zu fühlen, der mit ihr umgehen kann, ohne sich ständig anzupassen. Es gibt Männer, die meinen, sie seien erwachsen und selbstständig. Aber sobald sie die Mutter besuchen, fallen sie in die alte Rolle zurück. Da sind sie freundlich und rücksichtsvoll und verleugnen das eigene Leben.«[8]

Der Sohn ist also erst erwachsen, wenn sich die Beziehung zur Mutter in einem Verhalten zeigt, das von Liebe und Respekt, Freiheit und Abgrenzung geprägt ist.

Durchführung

Organisationsform

Samstagnachmittag 14.00 bis ca. 17.00 Uhr.

Gruppe

Ca. 20 Jungen und vier oder mehr erwachsene Männer. Die erwachsenen Männer können Firmbegleiter, Väter, Paten, Opas oder engagierte Männer der Pfarrei sein.

Der Leiter sollte eine theologische Ausbildung besitzen und über psychologische Grundkenntnisse verfügen bzw. wissen, wie gruppendynamischer Prozesse ablaufen können.

Raum

Ein großer Raum.

Material:

Großes schwarzes Tuch, »Mein Firmtagebuch«, große Kerze, Teelichter für jeden Teilnehmer, Brot, Saft, Schinken und dergleichen.

Ablauf:

Falls sich die Jungen und/ oder die erwachsenen Männer nicht kennen, ist ein Spiel zum Kennenlernen wichtig.

Dann setzen sich alle in einen Kreis und ein großes, schwarzes Tuch wird in die Mitte gelegt. Die Jungen assoziieren: Trauer, Tod, Nacht, Finsternis, Angst usw.

Die Begriffe Tod, Trauer werden aufgenommen. Aber auch Angst, Finsternis werden mit hereingenommen.

Impulsfrage des Leiters:

Stell dir vor, eine Mutter sagt zu ihrem Sohn: »Wenn du das tust, dann geht es mir schlecht, dann sterbe ich!«

- Welche Dinge müsstest du tun, damit deine Mutter das sagt?
- Was davon würdest du selbst niemals tun?
- Welche Dinge würden dich reizen, auf die du aber deinem Vater, deiner Mutter zuliebe verzichtest?
- Was meint ihr, warum verbieten Eltern gewisse Dinge?
- Wie kann ein Sohn damit umgehen?

Zuerst sollten die Jungen aus ihrer Lebenserfahrung antworten. Erst dann erzählen auch die erwachsenen Männer von ihren Erfahrungen. Hier entsteht meist schon ein intensives Gespräch.

Anschließend wird die biblische Geschichte vorgelesen. Schon beim ersten Satz: »Einige Zeit später ging Jesus in eine Stadt ...«, wird eine große Kerze entzündet und in die Mitte gestellt.

Von den Jungen und den erwachsenen Männern kommen meist hier schon erste deutende Erläuterungen. Durch geschicktes Nachfragen und eigene Interpretationen kann der Leiter den Sinn der Bibelstelle erarbeiten und leibhaftig werden lassen.

Kleine Teelichter werden bereit gestellt und jeder, der mag, kann eine Fürbitte sprechen: für die Mutter, den Jüngling, die Eltern von heute und die Söhne von heute. Dabei entzündet jeder das Teelicht an der großen Kerze und stellt es auf das große schwarze Tuch.

Brot, Saft, Schinken und andere Speisen werden zu dem Lichtermeer auf dem großen schwarzen Tuch gestellt.

Gemeinsam bilden wir einen Kreis, halten uns an den Hände und singen das »Vaterunser« oder »Manchmal feiern wir mitten im Tag, ein Fest der Auferstehung«.

Danach essen wir und genießen unseren Leib und unser Leben.

Zum Abschluss spendet der Leiter allen Männern und Jungen den Segen mit der Bitte um Gottes Kraft und Mut, dass jeder sein eigenes Leben lebt.

Variante

Dieses Ritual kann auch vor der Stadt in der freien Natur, zum Beispiel in einer Waldlichtung durchgeführt werden. An Stelle des schwarzen Tuches kann mit einem Stück abgestorbenem Holz oder einem Baum ins Thema eingeführt werden.

Bei einem verzehrenden Feuer kann die Geschichte gedeutet werden und gemeinsam wird gebetet, gegessen und auf den eigenen Weg hin gesegnet.

Elternabende

Unter all meinen Patienten jenseits der Lebensmitte,
das heißt jenseits von 35,
ist nicht ein einziger,
dessen endgültiges Problem
nicht das der religiösen Einstellung wäre.

C. G. Jung

Kindchen, wie konntest du uns das antun?

Lk 2, 48

Nicht nur Kinder pubertieren, auch deren Eltern. Wenn Kinder zu Jugendlichen werden, durchleben oft auch die Eltern schwierige Zeiten. Der Sohn, die Tochter gewinnt an Selbstständigkeit und beginnt, sich zunehmend von seinen Eltern zu lösen. Die Heranwachsenden beginnen mehr und mehr auf eigenen Füßen zu stehen (= firmare). Die Eltern müssen sich mit der Tatsache abfinden, ihren Sohn, ihre Tochter als Kind zu verlieren. Die vielfältigsten Gefühle können sich nun einstellen: Freude und Stolz, Trauer und Wut, Eifersucht, Schuld, Angst und Sorge. Ein sehr schönes biblisches Beispiel ist die Geschichte: »Der zwölfjährige Jesus im Tempel«, Lk 2, 41–52.

Die Eltern Jesu gingen jedes Jahr zum Pessahfest nach Jerusalem. Als er zwölf Jahre alt geworden war, zogen sie wieder hinauf, wie es dem Festbrauch entsprach. Nachdem die Festtage zu Ende waren, machten sie sich auf den Heimweg. Der junge Jesus aber blieb in Jerusalem, ohne dass seine Eltern es merkten. Sie meinten, er sei irgendwo in der Pilgergruppe, und reisten eine Tagesstrecke weit; dann suchten sie ihn bei den Verwandten und Bekannten.

Als sie ihn nicht fanden, kehrten sie nach Jerusalem zurück und suchten ihn dort. Nach drei Tagen fanden sie ihn im Tempel; er saß mitten unter den Lehrern, hörte ihnen zu und stellte Fragen. Alle, die ihn hörten, waren erstaunt über sein Verständnis und seine Antworten.

Als seine Eltern ihn sahen, waren sie sehr betroffen, und seine Mutter sagte zu ihm: Kind, wie konntest du uns das antun? Dein Vater und ich haben dich voll Angst gesucht. Da sagte er zu ihnen: Warum habt ihr mich gesucht? Wusstet ihr nicht, dass ich in dem sein muss, was meinem Vater gehört? Doch sie verstanden nicht, was er damit sagen wollte.

Dann kehrte er mit ihnen nach Nazareth zurück und war ihnen gehorsam. Seine Mutter bewahrte alles, was geschehen war, in ihrem Herzen. Jesus wuchs aber heran, und seine Weisheit nahm zu, und er fand Gefallen bei Gott und den Menschen.

Die Eltern Jesu gehen jedes Jahr zum Pessah nach Jerusalem. Auch als Jesus zwölf Jahre alt ist, sind sie dort. Doch erst vom 13. Lebensjahr an ist ein jüdischer Junge verpflichtet, die Gebote und Vorschriften des jüdischen Gesetzes wie ein erwachsener Mann zu beachten. Jesus ist also kurz davor, ein Erwachsener zu werden.

Nach den Festtagen kehren sie heim, doch von seine Eltern unbemerkt, bleibt der junge Jesus zurück. Im griechischen Originaltext steht für Junge »pais«, das auch jugendlich bedeutet.

Die Eltern suchen ihn zuerst unter den Stammesgenossen und Bekannten, dann kehren sie nach Jerusalem zurück und erst nach drei (!) Tagen finden sie ihn im Heiligtum, wie er in der Runde der Lehrer sitzt, ihnen zuhört und sie befragt. Die ihn hören, sind ganz erstaunt über seine Einsicht und seine Antworten

Die Eltern sind betroffen und bestürzt, und die Mutter sagt, vermutlich mit sorgenvoller Stimme: »Kind, wie konntest du uns das antun?« Im Originaltext ist es noch deutlicher. Da heißt es »teknon«, das bedeutet Kindchen.

Maria sagt also zum jugendlichen Jesus, diesem beinahe Erwachsenen: »Kindchen, wie konntest du uns das antun?« Sehr häufig senden

Eltern in dieser Zeit unbewusst diese oder eine ähnliche Doppelbotschaft aus: »Werde erwachsen, aber bleibe ein Kind!« Jesus antwortet: »Was brauchtet ihr mich zu suchen? Wusstet ihr nicht, dass ich bei der Sache meines Vaters sein muss?« Der pubertäre Unterton heutiger Jugendlicher ist fast nicht zu überhören.

In der Geschichte heißt es weiter: Sie aber verstanden das Wort nicht, das er zu ihnen redete. Sie kehrten gemeinsam heim nach Nazareth und er war ihnen untertan. Wie sehr ähnelt dieser Konflikt der »Heiligen Familie« einer Familie des 21. Jahrhunderts in Mitteleuropa: Sorge der Eltern – Suche nach dem vermissten Sohn – Finden und Vorwurf der Eltern – verbaler Abtausch – Unverständnis – Sohn fügt sich wieder (im Moment).

Doch die biblische Geschichte endet nicht hier. Es folgen noch zwei wesentliche Sätze. Der Erste: »Seine Mutter bewahrt alles, was geschehen war, in ihrem Herzen.« Für das Verb »bewahren« steht im griechischen Urtext »synterein«, das auch an: »ein Auge werfen, bewachen, beobachten, bewahren« denken lässt. Maria wirft also ein Auge auf diese Worte, sie sieht ihnen auf den Grund. Sie beobachtet die Worte ihres Sohnes mit der »Schaukraft der Liebe«, wie Montessori es nennen würde.

Einige Verse weiter vorne steht fast derselbe Satz, nämlich, als die Hirten bei der Krippe waren. Dort heißt es: »Maria aber bewahrte alles, was geschehen war, in ihrem Herzen und dachte darüber nach.« Lk 2, 19. Sicherlich hat Maria auch über die Worte Jesu im Tempel nachgedacht.

Das Verb »symballein«, das hier mit »nachdenken« übersetzt wird, bedeutet auch: »zusammenwerfen, zusammentragen, verbinden, begegnen, vergleichen, bei sich bedenken«. Maria vergleicht also die Worte, die sie gehört hat, sie trägt zusammen und verbindet sie miteinander und mit der Wirklichkeit, die sie selbst erfahren hat.

Bei allem Unverständnis über die Taten und Worte unserer Söhne und Töchter können wir hier vielleicht von Maria lernen: zu bewahren und zu bedenken; beobachten mit der Schaukraft der Liebe und auf den Grund sehen; zusammentragen und begegnen, bei sich bedenken und vergleichen mit der Wirklichkeit, in der wir stehen, bis sich uns das Unverständliche erschließt und wir unsere Wirklichkeit und die Wirklichkeit unserer Jugendlichen neu erkennen. Denn der letzte Satz dieser Bibelstelle lautet: »Und Jesus kam voran in der Weisheit, im Wuchs und in der Gnade bei Gott und Menschen.«

Die Begleitung der Eltern durch diesen Lebensprozess ist für uns von enormer Bedeutung. Hier können die Pfarreien seelsorgerische Hilfe bieten für all jene Eltern, die am Erwachsenwerden ihres Sohnes oder ihrer Tochter fast verzweifeln.

Ein Elternabend, mit Vortrag oder Seminar, zu dem die Eltern selbstverständlich freiwillig kommen, kann die Freuden und Sorgen, die Ängste und Unverständnisse ansprechen. Eine Möglichkeit wäre ein Impuls aus der Geschichte des zwölfjährigen Jesus, zuerst mit einer Diskussion in Kleingruppen, dann in der Großgruppe.

Möglich wäre auch ein biblischer Abend mit den Geschichten der »Tochter des Jairus« und/oder des »Jünglings von Nain«, diesmal mit Augenmerk auf das Thema für die Eltern. So könnte den Vätern der heilsame Segensspruch zugesagt werden: »Sei ohne Furcht. Glaube nur!« (Mk 5,36). Den Müttern hingegen: »Weine nicht!« (Lk 7, 13)

In leicht abgewandelter Form könnte hier der biblische Nachmittag der Jugendlichen auch für die Eltern Gestalt annehmen. Dies wäre deshalb auch sinnvoll, da für Jesus immer auch das Systemische in seinen Heilungen bedeutsam war. Auch die Eltern brauchen Heilung.

Ebenso könnten im Vorfeld der Firmung namhafte Pädagogen und Pädagoginnen über die Pfarrei oder den Erwachsenenbildungskreis eingeladen werden, die zum Thema Pubertät sprechen. Es ist nicht notwendig, dass pfarrliche Veranstaltungen immer mit Gott und Religion im engeren Sinn zu tun haben. Wenn es sich herumspricht, dass die Pfarrei auch ein Herz und ein Ohr hat für die weltlichen Sorgen und Nöte der Pfarrmitglieder, wird sich das oftmals feindliche Kirchenbild vieler wandeln. Eltern von Firmlingen könnten mit einem Brief speziell zu solchen Vorträgen eingeladen werden. Vielleicht gibt es auch die Möglichkeit, den Firmeltern einen günstigeren Eintrittspreis zu gewähren oder Subventionen der politischen Gemeinde oder des Landes zu erhalten. Falls eine Gemeinde sehr klein ist, wären diese Vorträge auch im Dekanat denkbar.

Eltern sollten auf jeden Fall eingeladen werden, mit ihren Firmlingen auch zu Hause ein kleines Ritual des Erwachsenwerdens zu feiern. Eine Veränderung der Freiheit und der Verantwortung im Alltag des Firmlings herbeizuführen, ist vor allem deshalb sinnvoll, weil eine Firmung, die nur in der Kirche gefeiert wird, oftmals als sehr an der Oberfläche bleibend erlebt wird. Als Beispiel sehen Sie weiter unten einen Elternbrief, den wir immer ca. zwei bis drei Wochen vor der Firmung verschicken.

Der Lebensprozess der Eltern

Da sehr viel Firmeltern zwischen 35 und 50 Jahren alt sind, kommt noch etwas ganz anderes hinzu. Viele Eltern befinden sich selbst in der so genannten »Midlife-crises« oder wie der Psychoanalytiker Erik H. Erikson es nennt: der »Phase der Reife«. Wir sprechen lieber vom »Lebensprozess der Reife« und für uns, als spirituell denkende Menschen, ist auch sonnenklar, dass dieser biologische Lebensprozess von Gottes Geist in ausgelöst wird.

Das Leben ist wie ein Tag. In der ersten Lebenshälfte, dem Morgen und Vormittag, geht es darum, etwas aufzubauen: In der Frische des Morgens können wir die Schule besuchen, hart arbeiten, Karriere machen, Familie gründen, eine Wohnung, vielleicht ein Haus kaufen usw.

Mittags ist die Tagesmitte. Es beginnt die zweite Tageshälfte, der Nachmittag. Die zweite Lebenshälfte, so zwischen 40 und 50 Jahren, dient dazu, in der Nachmittagssonne Siesta zu halten und uns auf den Abend und somit auf den Abschied vom Leben vorzubereiten. Es gilt zu überprüfen, ob unser Lebensgefühl beispielsweise in Partnerschaft, Familie, Beruf unseren innersten Wünschen und Zielen entspricht.

Joachim Braun weist darauf hin, dass es zwischen Reife und Pubertät verblüffende Parallelen gibt.[9] Beide Lebensprozesse sind Übergänge und bereiten auf einen neuen, entscheidenden Lebensabschnitt vor.

Doch »während sich Eltern auf ihren Weggang vorbereiten, sind Jugendliche im Begriff, anzukommen. Während Eltern › verfallen‹, blühen Jugendliche auf. Die Jugend, mit der Eltern tagtäglich konfrontiert werden, kann so zu einem Spiegel vergangener Wünsche, unerfüllter Hoffnungen und nicht erreichter Ziele werden.«[10]

So überfrachten viele Eltern ihre Kinder mit eigenen Berufswünschen, eigenen Sehnsüchten und Träumen, die sie in ihrem eigenen Leben nie verwirklichen konnten. So erzählte mir ein Vater, der in seiner Jugend immer gerne ausgezogen wäre, die Welt oder zumindest Europa zu erkunden und es aus irgendwelchen Verpflichtungen nie schaffte, es überhaupt nicht verstehen kann, dass seine 18-jährige Tochter, der alle Möglichkeiten offen stehen, lieber zu Hause bleibt und sich in einer Beziehung »sesshaft« machen möchte. Oft haben Jugendliche eine Zukunft voller Chancen vor sich, während sich für die Eltern Chancen in dieser Fülle meist nicht mehr bieten. Dies weckt auch Gefühle von Neid und Missgunst in uns. Hier wäre ein heilsames Ritual, ein Segen des Loslassens von besonderer Bedeutung.

Gleichzeitig sollten Erwachsene in diesem Lebensprozess der Reife eine seelsorgerische Begleitung und Stärkung durch die Kirchen erfahren. Interessant wäre es, ein Konzept für ein »Sakrament der Lebensmitte« zu entwickeln, ein heilsames Ritual, das die Erwachsenen (wieder) in Kontakt bringt mit ihren ureigensten Sehnsüchten und Zielen, das die Wunden der ersten Lebenshälfte annimmt und so auf einen sonnigen Lebensabend vorbereitet.

Elternbrief

Hier ein Beispiel für einen Elternbrief, wie wir ihn zwei bis drei Wochen vor der Firmung versenden. Er kann, je nach Tradition und Bedürfnis der Pfarrei und der Eltern abgeändert, erweitert und gekürzt werden.

iebe Eltern!

Bald ist die Firmung Ihres Kindes. In der Firmung feiern wir den Übergang von der Kindheit ins Jugend- und Erwachsenenalter.

Dieser Übergang, wie jede andere Verwandlung auch, ist, neben der Freude über neue Freiheiten, auch mit Ängsten, Sorgen und Schmerzen verbunden. Niemandem ist dies vermutlich so vertraut, wie Ihnen selbst.

In der Firmung wollen wir Ihr Kind bestärken (Firmung heißt wörtlich »Stärkung«), diesen Übergang zu gehen, die Kindheit langsam loszulassen und die ersten Schritte ins Erwachsenendasein zu wagen. Dies bedeutet, dass »Ihr Jugendlicher« nun mehr Freiheit, aber auch mehr Verantwortung erhält.

Diese Bestärkung kann natürlich nicht allein in den Kirchen geschehen. Schön wäre es, wenn Sie bei Ihnen zu Hause diese Verwandlung in einem Ritual erlebbar machen würden. Dies könnte auch heilsam sein für Sie selbst, denn auch für Sie als Eltern ist die Pubertät Ihres Kindes nicht immer leicht.

Vielleicht können Sie die Firmung zum Anlass nehmen, in einem Gespräch mit Ihrem Heranwachsenden, dessen Freiheiten, aber auch dessen Verantwortung als junger Erwachsener zu erweitern.

So könnte zum Beispiel das Taschengeld erhöht oder die Zubettgehzeit um eine halbe Stunde verschoben werden und dergleichen mehr. Möglichkeiten, mehr Verantwortung zu übernehmen, lägen zum einen in Haushalt und Garten, zum anderen aber auch in der Schule. Solche neuen Abmachungen sollten auf jeden Fall in einem gleichwertigen Gespräch zwischen Ihnen und Ihrem Jugendlichen ausgehandelt werden. Ich denke, Sie selbst wissen am besten, welches Mehr an Freiheit und Verantwortung für Sie und Ihr Kind stimmig ist.

Gut und sinnvoll ist es, wenn Sie in Ihrer Familie ein kleines Ritual feiern. Rituale sind leibhaftig und bleiben so länger in Erinnerung. Das ist für eine solche Abmachung von Vorteil. Wir empfehlen, dass sich die Eltern oder Alleinerziehenden alleine mit ihrem Firmling zusammensetzen. Sie können auch (ältere) Geschwister, Großeltern und Paten zu diesem Ritual einladen. Der Ablauf dieses Rituals ist lediglich ein Impuls. Verändern Sie nach Ihrem eigenen Gutdünken: Lassen Sie Teile weg, fügen Sie anderes hinzu. Sie und Ihr Firmling sollten sich wohl dabei fühlen und sich nicht zu weit weg von Ihrem gewohnten Alltag entfernen. Erfinden Sie Ihr eigenes »Familien-Firm-Ritual«.

Da am Abend vor der Firmung häufig sehr viel Organisatorisches zu erledigen ist, empfehlen wir, Ihr Ritual vielleicht schon eine Woche oder zumindest mehrere Tage vorher zu gestalten. Setzen Sie sich in »Ihrem Raum«, in der Küche, im Wohnzimmer zusammen. Vielleicht möchten Sie auch eine stimmige Atmosphäre schaffen, mit Kerzen, Blumen oder einer Duftlampe, ganz nach Ihren Vorlieben und den Vorlieben Ihres Firmlings.

Abschied von der Kindheit

Das Fotoalbum des Firmlings von der Geburt bis heute, wird durchgeblättert. Zu den verschiedenen Fotos erzählt jeder Anwesende von seinen Erinnerungen, Hoffnungen, Erwartungen und Sorgen.

Und eine weitere Möglichkeit Abschied zu nehmen:
Mehrere Gegenstände aus der Kindheit des Firmlings, zum Beispiel altes Spielzeug, das Lieblingskinderbuch, zu klein gewordene Kleidungsstücke werden bereit gelegt. Nach und nach wird jeweils ein Gegenstand in die Mitte gelegt. Auch hier werden freudige und unangenehme Erinnerungen ausgetauscht. Von den Gegenständen und somit der Kindheit soll nun Abschied genommen werden. Gemeinsam suchen die Beteiligten einen geeigneten Ort für diese Gegenstände. So kann ein Gegenstand für die »Nachkommen« auf dem Dachboden verstaut werden, ein anderer kommt auf den Flohmarkt oder in den Altkleidersack, wieder ein anderer in die »heilige« Vitrine im Wohn- oder Kinderzimmer.

Neuorientierung für die Zukunft

Nun können die Grenzen neu abgesteckt werden. Der Firmling und die Eltern (evtl. Geschwister und Großeltern) erzählen sich ihre Erwartungen, Freuden und Sorgen für die Zukunft des Firmlings und des neuen Miteinanders in der Familie.
Dem Firmling wird nun in gemeinsamer Abmachung mehr Freiheit und mehr Verantwortung übertragen. Vielleicht setzen Sie diese Vereinbarung gemeinsam schriftlich auf und alle Anwesenden unterschreiben.

Abschlusssegen

Zum Abschluss kann ein Segen der Eltern das Ritual abrunden. Segnen bedeutet: Das Gute im Menschen, das Verborgene, nicht für jeden Sichtbare aus der Tiefe hervorholen.
Segnen kann jeder und jede. Mit feinem Duftöl und meditativer Musik erhält eine Segnung eine besondere Note. Sie können die Segensworte selbst formulieren oder sonst einen für Sie stimmigen Text verwenden.
Der spirituelle Meister und Initiationsexperte Gregory Campbell unterscheidet hier zwei verschiedene Botschaften von Vater und Mutter. Vielleicht können Sie eine Hilfe sein, für Ihren Segen.

Botschaft des Vaters

Ich liebe dich.
Ich gebe dir meinen Segen.
Ich vertraue dir, ich bin sicher,
du gehst deinen Weg.
Ich werde dir Grenzen setzen
und sie durchsetzen.
Wenn du fällst,
helfe ich dir wieder auf.

Ich werde dich beschützen,
bis du dich selbst beschützen kannst.
Du bist etwas ganz Besonderes für mich.
Ich bin stolz auf dich.
(Besonders für Töchter:)
Du bist schön, und ich gebe dir
die Erlaubnis, ein sexuelles Wesen zu sein
und anderen zu gefallen.
(Besonders für Söhne:)
Ich gebe dir die Erlaubnis,
so zu sein wie ich,
aber ebenso erlaube ich dir,
weniger zu sein und mehr zu sein als ich.

Botschaft der Mutter

Ich will dich.
Ich liebe dich.
Ich sorge für dich.
Du kannst mir vertrauen.
Ich bin für dich da;
Ich bin selbst dann für dich da, wenn du stirbst.
Ich liebe dich für das, was du bist,
und nicht für das, was du tust.
Du bist etwas ganz Besonderes für mich.
Ich liebe dich, und ich gebe dir die Erlaubnis,
anders zu sein als ich.
Manchmal werde ich Nein sagen,
und zwar weil ich dich liebe.
Ich sehe dich und ich höre dich.
Du brauchst keine Angst mehr zu haben.
Du kannst deiner inneren Stimme vertrauen.

Nach dem Erinnerungs-, Neuorientierungs- und Segensritual ist es schön, miteinander zu essen und zu feiern. Ob Sie dabei in ein Restaurant gehen oder lieber zu Hause miteinander kochen, ist Ihnen selbst überlassen.

Wir wünschen Ihnen ein gutes Gespräch und eine gute Atmosphäre bei Ihrem Ritual!

Mit freundlichen Grüßen
Ihre Pfarrgemeinde

Die Bedeutung des Paten

In unserer Firmvorbereitung wird auch dem Paten oder der Patin eine besondere Bedeutung beigemessen. Wir verstehen dieses Amt, wie oben erwähnt, auch als Mentor bzw. Mentorin. Das Wort Pate kommt vom lateinischen »patrinus« und bedeutet »Bürge, Beistand«. Gemeint ist also ein Mensch, der bürgt und beisteht, der die Hand ins Feuer legt, der Grenzen setzt, wenn es notwendig ist, der Mut macht und stärkt.

Auf Grund dieser vielfältigen Aufgaben empfehlen wir den Firmlingen einen »erwachsenen Paten«, also jemanden, der zumindest dreißig, vielleicht auch über vierzig Jahre alt ist. Wichtiger ist jedoch gegenseitiges Vertrauen, Liebe und Respekt. Der Firmling soll seinen Paten mögen und sich gut mit ihm verstehen und nicht jemanden wählen müssen, weil er sich verpflichtet fühlt.

Da für uns das Patenamt eine Begleitung vom Kind zum Erwachsenen ist, empfehlen wir auch, dass Firmling und Pate demselben Geschlecht angehören.

Kirchenrechtlich korrekt sollte der Pate katholisch, gefirmt und über sechzehn Jahre alt sein. In der pastoralen Praxis wird die Zulassung zum Patenamt meist viel offener gesehen und so akzeptieren viele Pfarren auch Paten mit evangelischem oder serbisch-orthodoxem Bekenntnis. Mancherorts wird auch gar nicht lange nach Taufurkunde etc. gefragt, sondern die Patenwahl des Firmlings ohne Wenn und Aber respektiert. Es gilt der Satz: Er soll »ein Leben führen, das dem Glauben und dem zu übernehmenden Dienst entspricht« (CIC can. 877). Die Pastoral-Kommission der Deutschen Bischofskonferenz von 1993 schreibt: »Die Firmpaten sollen die Jugendlichen in Glaubensfragen (und Gewissensfragen, d. Verf.) begleiten und ihnen als Berater in Fragen des alltäglichen Lebens zur Verfügung stehen. Darüber hinaus haben sie eine Aufgabe darin, das gegenseitige Verständnis von Eltern und Jugendlichen fördern zu helfen.«[11]

Bereits in den 70er-Jahren des letzten Jahrhunderts empfahl die Synode der deutschen Bistümer, die Firmpaten in die Vorbereitungstreffen der Jugendlichen mit einzubeziehen. Dies geschieht leider viel zu wenig. Daher gestalten wir ein Initiationswochenende für männliche Firmlinge mit ihren männlichen Paten und ein Initiationswochenende für weibliche Firmlinge mit deren Patinnen. Diese Wochenenden sollen die Beziehung zwischen Firmling und Paten vertiefen und gleichzeitig ein Impuls sein für spirituelle Begegnung, denn häufig ist es für beide nicht einfach, miteinander ein Gespräch über Glaube und Sinn zu führen. Diese Wochenenden sind natürlich freiwillige Angebote. Sie können vor, aber auch kurze Zeit nach der Firmung gestaltet werden. Wenn ein Firmling einen gegengeschlechtlichen Paten ausgewählt hat, kann auch ein Vertreter gesandt werden. Kleineren Pfarreien empfehlen wir, das Angebot auf das Dekanat auszuweiten bzw. in Gemeinschaft mit anderen Pfarreien anzubieten. Da diese Begegnungen zwischen Firmling und Paten finanziell gedeckt werden müssen, sehen wir sie als sinnenvolles Firmgeschenk des Paten oder der Eltern.

Alle Paten erhalten einen Patenbrief der Pfarrei:

Patenbrief

*L*ieber Firmpate!
Liebe Firmpatin!

Wir von der Pfarrei NN freuen uns, dass Sie sich zur Firmpatin, zum Firmpaten bereit erklärt haben.

Firmung bedeutet Stärkung.

Die Firmlinge sollen in ihrem Erwachsenwerden mit ihren Fähigkeiten und Talenten gefördert und bestärkt werden. Als Firmpatin, als Firmpate übernehmen Sie im Namen der Pfarrei diese großartige, manchmal schwierige, manchmal freudvolle und beglückende Aufgabe.

Unsere Pfarrei bietet deshalb initiatorische Wochenenden an, bei dem Sie und Ihr Firmling Impulse erhalten, sich tiefer zu begegnen und vertrauter zu werden:

»Die Nacht des Feuers«
Ein Impuls zur Initiation von männlichen Firmlingen und deren männlichen Paten.
Wann:
Wo:
Kosten:

»Vasalisa. Mutige Mädchen, weise Frauen«
Ein Impuls zu Initiation und Intuition für weibliche Firmlinge und deren weibliche Begleiter.
Wann:
Wo:
Kosten:
Wir würden uns freuen, wenn Sie von unserem Angebot Gebrauch machen würden.

Wir wünschen Ihnen bei Ihrem Patenamt viel Glück, Ausdauer und Geduld, ein offenes Ohr und noch viel mehr ein offenes Herz für Ihren Firmling.

Unterschrift: Priester und Firmverantwortliche.

(Rückseite)

Firmung – Das Ritual

Ein Ritual ist eine Handlung, eine Geste oder Gebärde, die seit alters her immer in derselben oder ähnlichen Art vollzogen wird. Ein Ritual gibt uns die Chance, Dinge zu zeigen oder zu sagen, die wir uns sonst vielleicht nicht zu zeigen oder sagen trauen. Im Ritual der Firmung wird der Firmling gesegnet durch Handauflegung und Chrisamsalbung. Segnen bedeutet: Die besten Kräfte, all die Begabung, die im Menschen sind, sollen aus der Tiefe ans Tageslicht geholt werden. Der Firmling mit seinen Stärken, mit seinem inneren Feuer, ist von den Kirchen anerkannt.

Bekenntnis zum Glauben

Das Ritual beginnt mit dem Bekenntnis zum Glauben: Firmlinge und Firmpate stehen dazu gemeinsam auf. Der Firmspender wird euch Fragen zum Glauben stellen.
Zum Beispiel: »Glaubt Ihr an Gott, der uns Mutterschoß ist und Geborgenheit schenkt, dem Konflikte aber nicht fremd sind?«
Ihr antwortet: »Wir glauben«

Das Herausschreiten

Für die Begegnung mit dem Firmspender schreitet der Firmling mit dem Paten zum Seitengang heraus und geht langsam durch den Mittelgang auf den Priester zu.
Vorne beim Firmspender spricht der Firmling laut und deutlich seinen Namen. Der Firmpate steht hinter ihm und legt seine Hand auf die rechte Schulter. Damit drückt er oder sie aus: »Ich begleite dich! Ich beschütze dich auf deinem Weg durch das Leben!«

Die Handauflegung

Der Priester legt dem Firmling seine Hand auf die Stirn. Die Handauflegung will sagen: »Du bist gemeint! Du bist von Gott geliebt! Wir, deine Pfarrgemeinde, wünschen dir Segen. Kehre deine besten Seiten nach außen. Sei, der du bist. Lebe dein Leben und nutze deine Begabung zu deinem Wohl und zum Wohle deiner Gemeinschaft!«

Die Chrisamsalbung

Nun zeichnet der Priester mit Chrisam ein Kreuz auf die Stirn des Firmlings. Chrisam ist ein wohlriechendes Öl. Diese Salbung ist eine ganz alte Gebärde. Priester, Könige und Propheten wurden damit gesalbt. Schon bei der Taufe wird jeder mit Chrisam gesalbt.
Mit der Salbung will die Kirche ausdrücken: »Du bist ein König, eine Königin! Du bist Priester, Priesterin! Du bist Prophet und Prophetin! Sei dir deiner eigenen Würde bewusst. Lebe dein Leben!«
Der Priester spricht dabei die Worte: »Sei besiegelt durch die Gabe Gottes, den Heiligen Geist!«
Handauflegung und Salbung mit Chrisam – beide Gebärden wollen den Geist im jungen Menschen dir, den Geist Gottes und der Gemeinschaft übertragen.

Wir wünschen Ihnen für den Festtag der Firmung und für die nächsten Jahre viele schöne Begegnungen mit Ihrem Firmling, dass Ihr euch vertrauter werdet und aneinander wachsen könnt.

Ein Labyrinth gestalten

Entgegen den allgemeinen Vorstellungen und dem Sprachgebrauch ist das Labyrinth kein Irrgarten. Labyrinthe haben weder Sackgassen noch Kreuzungen, noch Verleitungen. Der einzige Weg führt – auf vielen Umwegen – in die Mitte. Von dort aus muss das Labyrinth auf demselben Weg verlassen werden.

Wiederentdeckung der Langsamkeit

Das Labyrinth ist ein uraltes Lebensbild. Die ältesten Spuren führen in die Neusteinzeit. In den verschiedensten Gegenden der Erde wurden sie in Felszeichnungen entdeckt. Heute werden Labyrinthe, die im christlichen Mittelalter große Bedeutung hatten, mitten in Städten, Dörfern oder in der Nähe von Bildungshäusern neu angelegt. Sie stehen quer zum modernen Zeitgeist. In unserer schnelllebigen Zeit soll mit kleinstmöglichem Aufwand möglichst schnell viel erreicht werden. Ganz anders das Labyrinth: ein Maximum an Weg und Zeitverlust. Es geht um die Wiederentdeckung der Langsamkeit. Beim Ausschreiten verlieren wir Zeit, gewinnen dafür Raum, Lebensraum.

Sinnbild des Lebens

Das Labyrinth sagt uns: Geh (d)einen Weg, der kompliziert und unabsehbar ist. Dich erwartet das »Prinzip Umweg«. Ganz nah und weit weg bist du der Mitte – und dir selbst. Es ist dies der Sinn des labyrinthischen Weges: Wandel, Umkehr und Neubeginn.

Ein Ort des Gebetes

Der labyrinthische Weg ist ein Weg der Meditation. Ich kann im Labyrinth dem eigenen Lebensweg nachsinnen. Wir können als Paar oder als Gemeinschaft den Wendepunkten des gemeinsamen Lebensweges nachgehen und miteinander nach dem roten Faden suchen, der zu mehr Lebensfülle für alle führt.

Im Labyrinth können persönliche, lebensgeschichtliche, aber auch religiöse – Tod und Auferstehung – Veränderungen begangen und somit

ganzheitlich erlebt werden. Ebenso sind jahreszeitliche – Sonnenwenden – und gesellschaftliche Veränderungen möglich.

Das Labyrinth lässt uns nachspüren, wer oder was dem gemeinsamen Weg Ausrichtung und Ziel, Sinn und Grund schenkt, lässt uns miteinander Durchgänge, Abschiede und Versöhnung feiern und zu neuem Leben aufbrechen.

Ich kann im Labyrinth Gott und mir selbst begegnen und eine lebensfördernde spirituelle Haltung einüben. Ich kann lernen, meine Verbindung zur Mitte zu stärken und mein Leben von innen heraus mit Wurzelkraft zu gestalten.

Das Labyrinth in Hard

Im Frühjahr 1998 gestalteten wir im Rahmen der Firmvorbereitung ein begehbares Labyrinth mit Blumenbeeten. Dieses Labyrinth steht in der Wiese der Pfarrgemeinde Hard am Bodensee gleich neben der Kirche, hat vier Umkehrungen, misst ca. 12 Meter im Durchmesser und hat eine Länge von 144 Schritten. Über den Weg sind, jeweils zu einem Drittel, drei mit Efeu und Wildreben bepflanzte Torbögen gespannt.

Im Jahr 2001 gewann die Marktgemeinde Hard, unter anderem auch wegen unseres Labyrinths, beim europäischen Blumenwettbewerb den ersten Preis. Eine Tatsache, auf die wir gerne verweisen.

Das Labyrinth wurde von mir und mehreren Firmlingen im März 1998 ausgesteckt, die Beete vorbereitet und in zwei Meter lange Gärtchen eingeteilt. Dabei wurden wir vom Gärtner des örtlichen Bauhofes freundlich unterstützt. Im April begannen mehrere Firmgruppen diese Beete mit Blumen, Stauden und Gemüse zu bepflanzen. Auch einzelne pfarrliche Gruppen (Kinderliturgiekreis, Frauengruppe, Männergruppe) und Einzelpersonen übernahmen Teile der Beete. Diese Gruppen und Personen pachteten die Beete für jeweils ein Jahr, übernahmen das Jäten und Pflegen. Dass die Firmgruppen die Pflege für mehrere Jahre übernehmen, war leider nicht möglich. So wird das Labyrinth heute von einer Religionslehrerin gepflegt, die in unmittelbarer Nachbarschaft wohnt.

Das Labyrinth dient mit seiner Blumenpracht als liturgischer Raum bei der Sommersonnenwende. Es wird häufig von Einheimischen und

auch von vielen Touristen begangen und bestaunt. Sie genießen es hineinzugehen, den Raum, die Lebenswenden abzuschreiten und gewandelt wieder hinauszuschreiten in die Welt.

Weiter ist das Labyrinth ein beliebter Ort für Erinnerungsfotos von Firmlingen, Erstkommunikanten und Brautpaaren.

Dieses Labyrinth kann im Zusammenhang mit der 4. Firmstunde »Labyrinth – Ich gehe meinen Weg« gestaltet werden.

Das Weidenlabyrinth

Eine weniger pflegeintensive Alternative zu einem Pflanzenlabyrinth bietet das Weidenlabyrinth. Weiden sind beim Bauern meist günstig, häufig sogar umsonst zu beziehen. Die beste Pflanzzeit ist von November bis März. Es sollte kein Frost sein. Weiden sind sehr genügsam. Als Untergrund genügt ein Kiesplatz, bei dem nach ca. 60 cm Tiefe etwas Humus und Feuchtigkeit auftritt.

Bei einem Weidenlabyrinth in der Größe des Harder Labyrinths benötigt man ca. 200 unterarmdicke und 1,60–1,80 Meter lange Weidenstöcke, weiter mehrere daumendicke Weidenruten zum Flechten sowie Sägemehl; als Werkzeug: Baum- und Astscheren, eine kleine Baumsäge, Messer und eine Setzstange.

Zuerst wird der Weg mit Sägemehl angezeichnet. Da die Weidenzäune über die Jahre breiter werden empfiehlt es sich, die Wege ca. 1, 20 Meter breit vorzusehen. Im Abstand von 40 cm kön-

nen dann mit der Setzstange 80 cm tiefe Löcher geschlagen werden. Die Weidenstöcke werden dann in Wachstumsrichtung(!) 60 cm tief eingeschlagen, damit sie noch ca. 100 bis 120 cm hervorstehen. Es empfiehlt sich, die unteren 20 cm mit einem Messer zu entrinden. Dann können die biegsamen Weidenruten eingeflochten werden. Schön ist es, wenn auch drei Torbögen eingeplant werden.

Mit einer Firmgruppe von ca. 6–8 Jugendlichen und 2–3 Erwachsenen kann diese Arbeit in weniger als zwei Tagen erledigt werden.

Weitere Alternativen

Ein Steinlabyrinth mit eingelegten Pflastersteinen auf dem Kirchvorplatz wäre in Zusammenarbeit mit einem Steinmetz oder handwerklich begabten Vater oder einer Mutter möglich. Dies ist allerdings sehr kostenintensiv.

Möglich ist auch ein Steinlabyrinth mit großen Steinen der Umgebung, die lediglich aufeinander geschichtet werden. Ebenso können auch Äste von Weiden und anderen Bäumen auf dem Kirchvorplatz aufgelegt werden. Dies hat den Vorteil, dass das Labyrinth leicht wieder abzubauen ist.

Weiter ist ein Labyrinth aus Stoffbändern möglich. Sie können flach auf dem Boden liegen und mit Steinen befestigt, aber auch in einer Höhe von einem Meter gespannt werden.

Weitere Möglichkeiten überlasse ich Ihrer eigenen Kreativität.

Praxis C – Gottesdienste und liturgische Feiern

*Ein Fest verbindet den Menschen
mit seinen Wurzeln,
aus denen er lebt.*

Anselm Grün

Gott und Festlichkeit

»Die Firmung wäre eine tolle Sache, wenn bloß die blöden Gottesdienste nicht wären!«, hörte ich schon manche Firmlinge sagen. Gottesdienste werden von Jugendlichen häufig als langweilig erlebt.

Zum anderen gibt es Priester und Laien, die die Jugendlichen als »liturgieunfähig« bezeichnen und sie vom Empfang der Sakramente am liebsten ausschließen möchten, weil sie sich in der Kirche nicht zu benehmen wissen.

Liturgie, »laios argein«, die »Arbeit des Volkes«, kann aber auch zum Fest für die Jugend werden und so erleben wir immer wieder, dass Jugendliche, die sich in der Kirche wohl fühlen, die akzeptiert werden, wie sie eben sind und die eine verantwortungsvolle Aufgabe erhalten, sich auch angemessen verhalten. Wenn Jugendliche die Kirche in »ihren Besitz nehmen« dürfen, wenn sie sich – und sei es nur für die Dauer eines Gottesdienstes – beheimatet fühlen, gibt es mit der Disziplin keine oder nur geringfügige Probleme.

In der heutigen Zeit, in der viele Menschen, sowohl Erwachsene als auch Jugendliche, von Unterhaltung zu Unterhaltung und von Event zu Event hetzen, hat die Fähigkeit, Feste zu feiern erheblich nachgelassen. Damit ein Fest zum Fest wird – ob ein profaner Geburtstag oder eine liturgische Feier – braucht es nach Harvey Cox, Professor an der Havard Universität, drei wesentliche Zutaten: den *bewussten Exzess,* die *festliche Bejahung* und die *Gegenüberstellung.*

Mit *bewusstem Exzess* meint Cox jenes festliche Treiben, jene Lustbarkeit, die absichtlich übertreibt. Nach dem Festgelage der Brotvermehrung blieben bekanntlich zwölf (!) Körbe übrig (vgl. Joh 6,13). Bei einer Hochzeit achten Braut und Bräutigam darauf, dass, wenn die letzten Gäste gehen, noch genügend Speis und Trank vorhanden sind. Ebenso muss im Sakrament der Firmung dieser Überfluss für alle Anwesenden, besonders für die Jugendlichen, spürbar und hautnah erfahrbar sein.

Unter *festlicher Bejahung* versteht Cox jene Freude im tiefsten Sinn, die immer das Ja zum Leben einschließt. Im Gottesdienst dienen wir ja nicht nur Gott, sondern Gott dient auch uns: Es ist die Feier Gottes, die Bejahung Gottes an unser Leben. Wenn Jugendliche sich in der Feier des Firmsakramentes in ihrem Sosein durch die Priester, die Firmverantwortlichen, die Begleiter und Eltern bejaht fühlen, dann kann dieser Funke – die Bejahung Gottes – überspringen und sie können sich, im Raum der Kirche, selbst bejahen.

Die *Gegenüberstellung* bedeutet, dass Festlichkeit Kontraste entfaltet. Festlichkeit unterscheidet sich in bemerkenswerter Weise vom »alltäglichen Leben«. Im Festefeiern erlebe ich etwas Besonderes und erfahre mich selbst als etwas Besonderes. Die Wirklichkeit der Festlichkeit lässt sich dabei nicht auf das Ungewöhnliche reduzieren, sondern sie lebt von der Wechselwirkung, die zum Beispiel Schulalltag und Feier der Firmung entfalten.[12]

Als Priester und Firmverantwortliche können wir Festlichkeit nicht erzeugen, sondern lediglich eine Atmosphäre schaffen, in der Festlichkeit entstehen kann. Bewusster Exzess, festliche Bejahung und Gegenüberstellung können dabei hilfreich sein.

Wichtig ist für die Verantwortlichen, sich selbst auf diese Jugendliturgie einzustimmen. Vor einem Gemeindegottesdienst ist es in vielen Pfarreien üblich, dass der Priester mit den Ministranten ein kurzes Gebet in der Sakristei spricht und sich vor dem Kreuz verbeugt. Bei einem Firmgottesdienst wird dies zu wenig sein. Kinder und Jugendliche sind sehr sensible Menschen. Wenn ein Priester oder Firmspender bei sich denkt: »Hoffentlich ist dieser stressige Gottesdienst bald vorüber und ich kann mich am Nachmittag meinem verdienten Hobby widmen«, werden das die Firmlinge wahrnehmen und genauso stressig reagieren. Daher empfehlen wir vor dem Firmgottesdienst und vor Jugendgottesdiensten überhaupt, sich bewusst einzulassen, sich mehr Zeit zu gewähren für die Einstimmung in diese Arbeit. Eine Möglichkeit besteht darin, bevor der erste Gottesdienstbesucher eintritt, den Kirchenraum bewusst abzuschreiten, ganz tief zu atmen und den Kirchenraum auszusegnen.

Es geht darum, den Firmlingen mit wohltuender Gelassenheit, festlicher Bejahung und humorvoller Freude gegenüberzutreten. Wer zu diesem Zweck andere Möglichkeiten und Rituale findet, der vertraue auf seinen eigenen Weg.

Ein Gottesdienst, ein Ritual ist ja seinem Wesen nach eine gemeinschaftliche Aktivität, ein schöpferischer Prozess. Da ein heilsames Ritual eine wohltuende Energie erzeugt, die alle Beteiligten umfängt, kann dies nichts Starres sein, sondern muss ständig neu mit Leben gefüllt werden und den neuen Beteiligten, dem Ort, der Situation angepasst werden. So verstehen wir all unsere Gottesdienste und Rituale als Einladung, selbst weiterzudenken und mit Kreativität und Humor auch zu verändern oder ganz Neues zu erfinden. Nochmals Malidoma Some: »Allein aufgrund der Tatsache, ein Mensch zu sein, besitzt man auch schon die Autorität, selbstständig Rituale zu erfinden ...«[13]

Vorstellungsgottesdienst

Die Firmung, die Initiation ist eine feierliche Anerkennung eines wesentlichen Lebensprozesses. Es ist eine gemeinschaftliche Feier, in der durch und mit Gottes Geist die Individualität jedes Einzelnen hervorgehoben wird.

Daher ist es gut, jeden Firmling mehrere Wochen vor der Firmung namentlich der gesamten Gemeinde vorzustellen. Sehr viele Teile dieser Liturgie – Thema, Lesung, Lieder – sind bereits Übung für den großen Tag der Firmung.

Im Vorstellungs- und Firmgottesdienst haben wir die Geschichte des Jakob aus dem ersten Testament erzählt. Ebenso gut wären andere »feurige Aufbruchsgestalten« wie Abraham und Sara oder Mose und Mirjam möglich.

Einzugslied: Geh mit uns mit auf den Weg
Begrüßung durch einen Firmling:

Liebe Mütter und Väter, liebe Firmpaten, Verwandte, Freunde, Firmbegleiterinnen und Firmbegleiter – wir Firmlinge möchten euch zu unserem Vorstellungsgottesdienst begrüßen.

Seit Anfang März bereiten wir uns in den Firmgruppen auf das Fest der Firmung vor.

Thema unserer Firmung ist: »Feuer in mir«.

Gottes Heiliger Geist ist das Feuer in mir. Gottes Geistin ist die Begabung in mir. Unsere Aufgabe ist es, unsere Begabung in die Gemeinschaft unserer Familie, unserer Freunde und Freundinnen einzubringen. Und als Freunde wollen wir miteinander diesen Gottesdienst anfangen.

Lied: Freunde, wir fangen an

Begrüßung durch den Priester:

Wir sind heute zusammengekommen, um euch, liebe Firmlinge, der Gemeinde vorzustellen. Wir sind auch zusammengekommen, um das Wort Gottes zu hören und zu feiern.

Heute werden wir von Jakob aus dem ersten Testament hören. Jakob ist ein Mann, der das Feuer seiner Begabung deutlich in sich spürt. Jakob geht seinen eigenen Weg. Er betrügt seinen Bruder. Er macht Fehler. Er geht Umwege. Doch seine Umwege werden durch Gottes Treue heilsam.

Gott ist das Feuer in uns. Er begleitet uns auf unseren Wegen und auf unseren Umwegen. So beginnen wir: Im Namen des Vaters ...

Kyrie:

Gott lässt uns auf unserem Lebensweg oft Umwege gehen. Wenn wir dann im Nachhinein zurückblicken auf unsere Irr- und Umwege, entdecken wir, dass wir besonders aus den leidvollen Erfahrungen eine Menge gelernt haben. Die Umwege führen uns zum Heil. So geschah es bei Abraham, Isaak und Jakob; bei Mose und Mirjam, bei Paulus und dem Griechen Odysseus. So geschieht es tagtäglich bei uns.

Nach einem Umweg sind wir oft müde und erschöpft. Wir spüren kaum unser Leben spendendes Feuer. Dann freuen wir uns, wenn jemand da ist, der uns in seine Arme schließt und uns wieder aufbaut.

In der Bibel wird immer wieder erzählt, dass Gott es selbst ist, der uns in seine Arme schließt, der uns umarmt. Das griechische »Kyrie eleison«, das wir üblicherweise als »Herr, erbarme dich unser« übersetzen, können wir ebenso mit »Herr umarme uns« beten.

1. Großer Gott! Obwohl Jakob seinen Bruder betrogen hat, hast du ihn nicht verlassen und hast ihn gesegnet.

    Herr umarme uns. **Herr umarme uns.**

2. Großer Gott! Auf seinem Lebensweg bist du Jesus treu zur Seite gestanden. Du bist mit ihm durch Verwundung und Schmerz gegangen und hast ihn auferweckt.

    Christus umarme uns. **Christus umarme uns.**

3. Großer Gott! Du bist uns treu. Du lässt deine Sonne aufgehen über Böse und Gute, du lässt es regnen über Gerechte und Ungerechte.

    Herr umarme uns. **Herr umarme uns.**

Glorialied:

Singt dem Herrn alle Völker und Rassen

Tagesgebet – Firmling:

Großer Gott,
nimm uns an, wie wir jetzt hier sind, mit allem Schönen und Guten, mit dem Feuer unserer Begabungen, das wir in uns haben. Du Gott, schenke uns deine Freude am Leben.

Wir bitten dich, in deinem Namen, im Namen deines Sohnes Jesus und deines lebendigen Geistes. Amen.

Hinführung – Lesung:

Gen 27–28, 9 wird frei erzählt. Evtl. vorher noch kurz mit Abraham, Sara, Isaak und Rebecca in den geschichtlichen Zusammenhang einführen. Sehr gut zur bildlichen Darstellung sind die Batikbilder (auf Overheadfolie) von Anne Seifert geeignet.[14]

Lesung:

Gen 28, 10–22 wird gelesen

Evangelium:

Da die Lesung bereits sehr viel Zeit in Anspruch nimmt, empfehlen wir das Evangelium diesmal auszulassen. Gen 28,15 ist »Frohe Botschaft«. Wenn Sie auf ein Evangelium nicht verzichten wollen, empfehlen wir:
»Ich bin der Weg, die Wahrheit und das Leben«, Joh 14,6
oder: »Die bedingungslose Liebe Gottes«, Mt 5,45b

Impulse zu Lesung und Evangelium:

»Ich bin mit dir, ich behüte dich, wohin du auch gehst«, Gen 28,15.

Dieser Zuspruch gilt es, den Firmlingen besonders deutlich zu machen. »Wohin du auch gehst, Gott ist mit dir und behütet dich. Gerade jetzt, in diesem Lebensprozess der Wandlung vom Kind zum Erwachsenen, ist Gott, Gottes Geist mit dir und will dich stärken.

Spüre das Feuer, das in dir brennt. Entdecke deine Begabung und geh mit Interesse und Leidenschaft daran, deine Begabung zum Wohle der Menschen, mit denen du lebst, einzusetzen.

Ebenso sagen wir als Verantwortliche der Pfarrei, dass wir auf deiner Seite sind. Wir sind mit dir, was immer du auch tust. Unsere Pfarrei ist für dich immer offen.«

Vorstellung der Firmlinge:

Wir rufen nun alle Firmlinge mit ihren BegleiterInnen namentlich auf. Jeder Firmling bringt ein Symbol, ein Lebensheiligtum, etwas, das ihm wertvoll und bedeutsam ist, mit und legt es vor den Altar. Dann geht ihr ruhig hinter den Altar. Wir von der Pfarrgemeinde möchten euch alle sehen und möchten auch, dass ihr uns seht.

Variante:

Die Firmlinge bemalen im Vorfeld in ihrer Firmgruppe ein Tuch (ca. 80 × 60 cm) zum Thema: »Feuer in mir« oder: »Meine Begabung«. Diese Bilder werden zum Altar getragen und bis zum Firmgottesdienst zu einer langen Fahne zusammengenäht.

Aufrufen der Firmgruppen mit allen Namen der Firmlinge:

Alle Firmlinge stehen hinter dem Altar:
Schaut euch in diesem Gotteshaus um!
Schaut in die Gemeinde!
Schaut in die Gesichter!

In mehreren Wochen werdet ihr hier das Fest eurer Firmung feiern.

Wir feiern, dass dich Gottes Geist stärkt, dein Feuer in dir, deine Begabung zu finden.

Wir feiern, dass dich Gottes Geistin stärkt, deinen eigenen Weg zu gehen.

Wir feiern, dass dich Gottes Geist stärkt, deine Begabung zum Wohle der Gemeinschaft einzusetzen.

Firmung heißt in erster Linie:
Ja zum Feuer in dir!
Ja zum eigenen Leben!
Ja zum Leben in Fülle.

Zum zweiten heißt Firmung auch:
Ja zu den Kirchen!
Ja zur Gemeinde,
denn niemand lebt ohne Gemeinschaft.

Wir Christen und Christinnen
feiern diese Gemeinschaft am Altar,
am Tisch von Brot und Wein.

Erinnere dich dein Leben lang daran:
Zu diesem Tisch bist du immer eingeladen,
so wie es Gott dem Jakob versprochen hat.
Ganz egal, welchen Blödsinn du in Zukunft bauen wirst:
Dieser Tisch,
diese Gemeinschaft,
die Pfarrei NN
ist immer für dich offen!

Instrumentalmusik:

Die Jugendlichen gehen zu ihren Sitzplätzen zurück.

Fürbitten:

Priester:
Beten heißt, einander Mut und Kraft zu schenken.
Manches Mal hilft es uns, wenn wir nur einen einfachen Satz
oder einen einfachen Gedanken aussprechen können.
Mit unseren Worten wollen wir beten:

1. Wir fühlen mit allen Kindern, die ihre Begabung nicht leben dürfen.
   Herr, führe sie zum Weg des Lebens.
   Herr, führe sie zum Weg des Lebens.

2. Wir wollen bei den Menschen sein, die keine Freude am Leben haben.
   Herr, führe sie zum Weg des Lebens.
   Herr, führe sie zum Weg des Lebens.

3. Für alle Kinder, die unter Gewalt leiden.
   Herr, führe sie zum Weg des Lebens.
   Herr, führe sie zum Weg des Lebens.

4. Wir denken an alle Menschen, die wir mögen.
   Herr, führe sie zum Weg des Lebens.
   Herr, führe sie zum Weg des Lebens.

Priester:
Großer Gott! Nimm alle unsere Bitten. Gib uns den Mut und die Kraft in unserem Leben zu tun, was zu tun ist, und zu lassen, was zu lassen ist. Amen.

Gabenlied: Nimm oh Herr ...

Die Gaben werden von Firmlingen durch den Mittelgang zum Altar gebracht. Ein Mädchen und ein Junge kommen stellvertretend für die Firmlinge zum Altar. Ebenso die Hauptamtlichen der Firmvorbereitung. Diese können das Hochgebet mitbeten.

Gabengebet:

Großer Gott!
Du ladest alle Menschen zu deinem Tisch ein.
Wir wollen heute allen Menschen sagen, dass sie eingeladen sind.
Wir werden miteinander das Leben feiern.
In deinem Namen Gott, im Namen deines Sohnes Jesus
und im Namen Ruachs, deiner lebendigen Geistin. Amen.

Sanctus: Gib mir Liebe ins Herz

Hochgebet:

Vaterunser: gesungen

Zur Kommunion: instrumental

Schlussgebet – Firmling:

Großer Gott!
Wir feiern das Feuer in uns,
unsere Begabungen.
Wir bitten dich,
begleite uns auf unserem langen Weg

vom Kind zum Erwachsenen.
Stärke uns, unsere Begabungen
zum Wohle der Gemeinschaft einzusetzen.
Amen.

Einladung zur Agape – Firmling:

Wir laden euch alle ein, nach dem Gottesdienst auf dem Kirchplatz mit uns ein kleines Fest zu feiern.
Es gibt Limo, Wasser, Wein und selbst gebackenes Brot.
Dieses Fest heißt Agape. Es ist ein Fest der Liebe, das schon die ersten Kirchengemeinschaften nach jedem Sonntagsgottesdienst miteinander feierten.

Schlusslied: Atme in uns Heiliger Geist

Segen

Priester:

Liebe Firmlinge!
Bis zu eurem großen Festtag sind es nur mehr ein paar Wochen.
Jeder und jede Einzelne von euch ist wichtig.
Wir als Pfarrgemeinde und alle Menschen, die dich mögen,
möchten dich mit guten Gedanken begleiten:
So wollen wir dieses Segensgebet über dich sprechen:

Unser Gott, der dir Leben verheißt,
segne und behüte dich.
Er sei mit dir auf deinem Weg
Und behüte dich in seiner Liebe.
Er lasse sein Angesicht leuchten über dir
Und schenke dir seinen Frieden.

Dies alles soll dir geschehen:
 + im Namen des Vaters und des Sohnes
und des Heiligen Geistes. Amen.

Tragen wir diesen Frieden Gottes mit uns,
zu unseren Mitmenschen,
in unsere Welt hinaus.
Gehet hin und bringet Frieden.
Dank sei Gott dem Herrn.

Morgenwallfahrt

Die Morgenwallfahrt hat in unserer Pfarrei eine lange Tradition (über 25 Jahre). Sie beginnt immer am Karsamstag um fünf Uhr früh, dauert etwa eine Stunde und endet mit einem gemeinsamen Frühstück im Pfarrsaal.

Es handelt sich um eine Jugendwallfahrt, zu der nicht nur die Firmlinge und ihre Begleiter kommen, sondern auch Firmlinge der Vorjahre und Jugendliche aus anderen Gemeinden. Deshalb ist das Thema der Morgenwallfahrt auch jedes Jahr neu. Es ist mit sehr vielen erlebbaren Elementen gestaltet.

Die Firmgruppen treffen sich meist schon zum Karfreitagsgottesdienst, halten anschließend bei einem Firmbegleiter eine Firmstunde, zum Beispiel jene, in der es um Tod der Kindheit und Auferstehung als Erwachsener geht, falls dies noch nicht an einem biblischen Samstagnachmittag geschehen ist. Danach essen und vergnügen sie sich bis spät in die Nacht und schlafen bei dem Firmbegleiter, der Firmbegleiterin, um dann pünktlich um fünf Uhr bei der Pfarrkirche zu sein. Nicht zuletzt wegen der langen Nacht, ist die Morgenwallfahrt zu einem Höhepunkt der Firmvorbereitung geworden.

Hier ein Beispiel einer Morgenwallfahrt:

»Feuer in mir«

1. Station: Vor der Kirche

Begrüßung.

(Neben dem Eingangsportal liegen große und mittelgroße, schwere Steine bereit.)

»Wir wollen heute Morgen einen gemeinsamen Weg gehen und uns selbst näher spüren. Es gibt einen einfachen Satz zum Kern des Glücks: Sei, der du bist! Und: Sei, die du bist! Sich selbst sein, das eigene Leben leben, ist nicht so einfach, wie es klingt. Es gibt zu viel Beeinflussendes in unserem Leben. Es gibt sehr viel Belastendes in unserem Leben. Jeder weiß: Das Leben ist hart. Hier liegen große, schwere Steine bereit. Nimm dir einen Stein, Symbol für alles Schwere in deinem Leben, und gehe schweigend zu unserer nächsten Station.«

Eine erste Fackel wird entzündet und geht voran. Jeder Teilnehmer nimmt sich einen passenden Stein und denkt an all das Belastende in seinem Leben.

2. Station: Am See

»Wenn wir das Belastende immer mit uns herumschleppen, nimmt es uns Kraft für Neues, Schöpferisches. Ich lade euch ein, euren Stein nochmals zu betrachten und euch von ihm dankbar zu verabschieden, denn alles Schwere hat auch seine positiven und lehrreichen Seiten. Werft den Stein von euch. Werft alles Belastende in den See!«

Teilnehmer werfen Steine in den See. Wenn kein See oder Fluss in der Nähe ist, kann mit den Steinen ein Kreis oder Altar des Belastenden, Erdrückenden aufgebaut werden. Das Belastende kann auch beim Namen genannt werden.

Eine zweite Fackel wird entzündet. Ohne Ballast geht es zur dritten Station.

3. Station: Hände waschen

Zwei oder mehr Erwachsene waschen den Jugendlichen mit großen Wasserkrügen die Hände.

»Euch wurden gerade die Hände gewaschen. Eure Hände sind rein. Du trägst Verantwortung für das, was du tust. Du trägst Verantwortung für dich selbst, für deinen Körper, für deine Seele. Du trägst Verantwortung für ein gutes Klima in deiner Familie, deiner Klasse, an deinem Arbeitsplatz.«

Eine dritte Fackel wird entzündet und wir gehen weiter zur nächsten Station.

4. Station: Hände segnen

Zwei oder mehrere Erwachsene segnen die Hände der Jugendlichen mit wohlriechendem Öl.

»Euch wurden gerade die Hände gesalbt. Bedenkt stets: Ihr seid Königstöchter! Ihr seid Königssöhne! Du hast eine unantastbare Würde. Niemand darf dich demütigen und klein machen.

Deine Hände sind Königshände. Sie sollen ein Segen sein. Für dich selbst und für die Gemeinschaft, in der du lebst. Für deine Familie, für die Klasse und an deinem Arbeitsplatz. Du sollst ein Segen sein für die Ausgestoßenen, für die Zu-kurz-Gekommenen und für die Verlachten.

Vergiss niemals: Du bist der Sohn eines Königs! Du bist die Tochter eines Königs!«

Eine vierte Fackel wird entzündet. Auf zur nächsten Station.

5. Station: Spiegel

An dieser Station sind große Spiegel (ca. zwei Meter hoch und 80 cm breit) mit schwarzen Tüchern verhängt. Der Morgen graut inzwischen und es sind bereits Konturen der Umgebung erkennbar und so manches lesbar.

»Ich möchte euch nun ein Geheimnis anvertrauen. Es ist ganz einfach: Geh hin zu den schwarz verhangenen Bildern und lies!«

Die Jugendlichen gehen einzeln zu den Spiegeln und lüften den Vorhang. Im Spiegel steht mit Lippenstift: »Ich liebe mich, weil ich bin!«

Eine fünfte Fackel wird entzündet und wir gehen zur sechsten Station.

6. Station: Feuer

Mit den brennenden Fackeln wird ein vorbereiteter Holzstoß entzündet. Wenn das Feuer meterhoch brennt, wird folgender Text gesprochen:

»In dir ist ein heiliges Feuer, eine Sehnsucht. Sie brennt in dir, seit es dich gibt. Dein Feuer ist deine Lebensaufgabe. Lass dich nicht verleiten vom Neonlicht der Reklame. Achte auf das Feuer in dir. Bedenke: Du kannst abgelehnt werden, wenn du schlicht und einfach du selbst bist, aber wenn du dich willig anpasst, lehnst du dich selbst ab und stößt dich selbst aus deiner Mitte.

Nimm die Kraft von dem leuchtenden Feuer hier mit dir und gehe deinen eigenen Weg.

Es segne dich: Gott, der allmächtige Vater,
Sein Sohn Jesus Christus
Und Ruach, die heilige Geistin, das Feuer in dir. Amen«

Gemeinsam gehen wir ins Pfarrzentrum zum Frühstück.

Bußgottesdienst

In vielen Pfarreien ist es üblich, dass die Firmlinge vor der Firmung beichten. Andere sind davon abgekommen und halten entweder Bußfeiern oder gar nichts in dieser Richtung ab.

Ich fragte einmal den Priester meiner Heimatpfarrei, was sich denn bei der Schülerbeichte die letzten zwanzig Jahre verändert hätte. Er antwortete: »Vor zwanzig Jahren beichteten die Schüler, dass sie ihrer Mama nicht geholfen hatten, das Geschirr abzutrocknen. Heute beichten sie, dass sie den Geschirrspüler nicht ausräumten.«

Um eine wirklich heilsame Begegnung stattfinden zu lassen, empfehlen wir daher Einzelgespräche, die mindestens eine halbe Stunde und mehr dauern. Bei 100 Firmlingen nimmt das sehr viel Zeit in Anspruch, doch es ist eine Zeit, die sich lohnt:

Seelsorgerische Einzelgespräche

Wenn seelsorgerische Einzelgespräche durch den Ortspriester erfolgen, ist eine Beichte mit Absolution möglich. Wenn diese Gespräche mit hauptamtlichen Laien geführt werden, kann ein Segen ein würdevoller Abschluss sein. Wenn der Priester in der Beichte oder der Laie im Gespräch dem Firmling die Hände auflegt, dann kann er leibhaft erfahren, dass er von Gott bedingungslos angenommen ist, dass Gottes Liebe auch seine Schuld, seine Schwächen mit einschließt.

Im Gespräch soll der Firmling durch gezieltes Fragen zu seiner/ihrer Wahrheit, zur Intuition hingeführt werden. Bei all diesem Fragen geht es aber nicht darum, die eigene Neugierde zu befriedigen, sondern dem Firmling Hilfe zu bieten, das innere Feuer, die angeborene Begabung zu finden und zu entfalten, um sie für das Wohl der Gemeinschaft nutzbar zu machen.

Wie geht es dir?
Wie fühlst du dich?
Was ist das Feuer in dir?
Was ist deine ureigene Begabung?
Wie kannst du deine Begabung für die Gemeinschaft nutzbar machen?

Was erwartest du dir von der Firmung?

Was erwartest du dir von unserer Pfarrei?

Gibt es etwas, das dir Leid tut?

Wo lebst du in Sorge?

Wo in Angst?

Kannst du so leben, wie du bist?

Wer hindert dich daran?

Wer bremst dein Leben ein?

Wie fühlst du dich in deinem Körper?

Kannst du dich in deinem Leib lieben?

Wo spielt Gott eine Rolle in deinem Leben?

Wo glaubst du, lebst du an dir selbst und an deinem Herzen vorbei?

Wo ist der Punkt, an dem dein Leben nicht mehr stimmig ist?

Diese und andere Fragen können, wenn sie nicht aufdringlich wirken, den Firmling näher zu seinem eigenen Weg führen. Je vertrauter sich Firmling und Seelsorger sind, desto freundlicher und auch intensiver kann das Gespräch werden.

Als Buße – das Wort kommt von »verbessern« – stellen wir gerne folgende Fragen: Was kann dir helfen, innerlich weiterzukommen? Wo möchtest du ansetzen, dein Leben zu verbessern? Was möchtest du dir konkret vornehmen?

Als hilfreich Lektüre für derartige seelsorgerliche Einzelgespräche empfehlen wir auch das kleine Büchlein von Pater Anselm Grün »Die Beichte. Feier der Versöhnung.«[15]

Bußfeier mit der Familie

Eine weitere Möglichkeit, wie eine Bußfeier begangen werden kann, beschreibt Anselm Grün in seinem Büchlein zur Firmung[16]. Dabei legt er eine Szene aus dem Johannesevangelium zu Grunde: Jesus haucht am Osterabend den Jüngern und Jüngerinnen den Heiligen Geist ein und sagt zu ihnen: »Empfangt den Heiligen Geist! Wem ihr die Sünden vergebt, dem sind sie vergeben.« (Joh 20, 22f.)

Beim Bußgottesdienst ruft der Priester oder der hauptamtliche Firmleiter/die pfarrliche Firmleiterin die Firmlinge nach einer kurzen Einführung auf, sich mit ihrer Familie und ihrem Paten zusammenzusetzen. Hier erhalten die Firmlinge und die Familienmitglieder die Möglichkeit, einander zu erzählen, was ihnen Leid tut, wofür sie sich entschuldigen möchten. Dann legt einer dem anderen die Hände auf und vergibt dem anderen. Zuerst der Vater dem Firmling, dann umgekehrt, dann die Mutter dem Firmling und umgekehrt usw. Danach beten alle gemeinsam um Gottes Vergebung.

Dieses eindrückliche Ritual verbessert die Beziehungen in der Familie und reinigt die manchmal angespannte Atmosphäre durch die Erfahrung der gegenseitigen Vergebung.

Firmgottesdienst

Der Firmgottesdienst ist Abschluss und Höhepunkt der Firmvorbereitung. Es ist die feierliche Zusammenfassung, segensreiche Initiation und heilsame Bestärkung durch Gottes Geist in uns, mit uns und über uns.

Eine Besonderheit unseres Firmgottesdienstes sind die drei Türen, Symbol für Wandlung und Entscheidung: eine rote Tür, eine weiße Tür und eine schwarze Tür. Diese Türen sind aus ca. 15 cm breiten und 2 cm starken Holzbrettern mit einer Höhe von ca. 2 Metern. Ebenso gut können diese Türen aus Stoff oder anderem Material bestehen.

Durch das langsame Hindurchschreiten verändert sich allmählich die Qualität der Bewusstheit des einzelnen Firmlings. Wir haben bemerkt, dass die Heranwachsenden in einer ganz anderen Intensität beim Firmspender ankommen.

Auch für die Eltern der Jugendlichen kann es ein sinnlich erlebbarer Schritt des Loslassens von ihren »Kindern« sein.

Material:

Drei Türen: rot, weiß, schwarz

Evtl. Firmfahne

Wandbehang

Rote, hart gekochte Eier

Halbedelsteine

Franziskuskreuz

Einzugslied: Geh mit uns ...

Eine Gruppe Firmlinge trägt die Fahne vor und zieht sie neben dem Altar auf.

Begrüßung durch einen Firmling:

Liebe Mütter und Väter, Großmütter und Groß-väter, Firmpaten und Firmpatinnen. Liebe Freunde. Wir wollen heute mit euch feiern.
Ich möchte Sie, Herr NN (Firmspender), hier bei uns herzlich begrüßen (geht zum Firmspender und begrüßt mit Handschlag).
Sie sind gekommen, um mit unserem Pfarrer uns auf unserem Weg durch das Sakrament der Firmung zu stärken.
Heute ist unser Festtag!
Gott freut sich mit uns und
das ist ein unheimlich gutes Gefühl!

Begrüßung durch den Priester:

Ich begrüße euch, liebe Firmlinge, Mädchen und Jungen und Sie, liebe Eltern und Firmpaten, zu diesem Gottesdienst sehr herzlich.
Lieber NN (pers. Begrüßung Firmspender), ...
Ihr Mädchen und Jungen seid heute unser Mittelpunkt. Wir feiern, dass Ruach, Gottes Geistin und Kraft, in euch lebendig ist und zum Erwachsenwerden drängt.
Wir wollen euch bestärken, das Feuer in euch zu spüren und euren Weg zu gehen.

Begrüßung durch den Firmspender:

Auch ich begrüße euch alle sehr herzlich ... und eröffne diesen Gottesdienst:
Im Namen des Vaters und des Sohnes und Ruach, der Geistin Gottes. Amen.
Der Herr sei mit euch. – Und mit deinem Geiste.

Lied: Freund, wir fangen an ...

Lesung:

Die Jakobsgeschichte des Vorstellungsgottesdienstes wird kurz wiederholt und dann frei weitererzählt (Gen 29–33). Jakobs Kampf am Jabbok (Gen 32, 23–33) wird gelesen.

Gloria: Singt dem Herrn ...

Vorstellung des Wandbehangs:

Firmleiterin leitet den Text ein. Vier oder acht Firmlinge lesen abwechselnd.

»Jakob – Heilsame Umwege«

Einleitung:

Vier Firmgruppen haben mit mir diesen Wandbehang zum Thema: »Jakob – Heilsame Umwege« nach einer Vorlage von Anne Seifert gestaltet. Nun werden einige Firmlinge den Wandbehang vorstellen und deuten.

1. Rebecca ist schwanger

a) Der Bibel ist nichts Menschliches fremd. Das erste Bild zeigt die schwangere Rebecca, die Mutter von Esau und Jakob. Sie zeigt mit der einen Hand zum Himmel, mit der anderen auf ihre Kinder. Der Mutterschoß ist seit jeher Urbild der Geborgenheit. Hier ist der geschützte Raum, der empfängt und wachsen lässt. Doch die beiden Brüder streiten schon im Mutterleib.

b) Der Streit im Mutterschoß zeigt, dass Konflikte zum Leben gehören: Konflikte zwischen ganzen Völkern, in Familien und Schule, Konflikte im Inneren des Herzens. »Der Konflikt ist der Vater aller Dinge!«, sagt schon Heraklit. Er gehört zum Leben. Erst durch Konflikte lernen wir. Das Leben erhält durch die Konflikte eine gewisse Würze.

2. Jakobs Traum von der Himmelsleiter

a) Das zweite Bild zeigt Jakobs Traum von der Himmelsleiter. Jakob hat seinen Bruder betrogen und ist auf der Flucht. Sein Bruder will ihn töten. Er schläft in der Wüste. Sein Kopf liegt auf einem Stein. Er träumt: Eine Leiter verbindet Himmel und Erde. Engel steigen auf und nieder und Gott spricht: »Ich bin mit dir! Ich werde dich nie verlassen!«

b) Dieser Traum steht am Beginn des Erwachsenwerdens. Jakob ist auf der Flucht und erlaubt sich, müde zu sein. Er erfährt ein Licht – genau dort, wo er es am wenigsten erwartet. Engel sind innere Kraftquellen, gute Sterne. Sie sind das Feuer in dir, die dir deinen eigenen Weg weisen. Wer seine Engel entdeckt, wer es wagt, an eine gute Führung zu glauben, der kann sich zuversichtlich auf sein Leben einlassen. So erzählt die Bibel von Jakob.

Evtl. Instrumentalmusik

3. Der Kampf Jakobs am Jabbok

a) Jakob ist auf dem Heimweg. Er will einen Fluss überschreiten, er will einen neuen Lebensabschnitt beginnen. Ein Mann, der dunkle Gott, kämpft mit ihm bis zum Morgengrauen.
Zum Beginn des zweiten Lebensabschnittes wird Jakob gefragt: »Wie heißt du? Wer bist du? Was verbirgst du hinter deinen Masken? Wo ist der Mensch Jakob?«

b) Irgendwann, vielleicht mit 40 oder 50 Jahren, muss sich jeder und jede von uns diesen quälenden Fragen stellen. Das Feuer in uns drängt uns dann in diesem Alter noch einmal, Bilanz über unser Leben zu ziehen. Dann stehen wir selbst am Fluss der Lebensmitte und müssen mit dem dunklen Gott, mit dem eigenen Schatten ringen.
Wenn wir Glück und den rechten Mut haben, dann können wir, wie Jakob, Gott ins Angesicht schauen. Dann gehen wir hinkend, aber gesegnet, als verwandelter Mensch, im Licht der Morgensonne in eine neue Zukunft.

4. Die Versöhnung

a) Das vierte Bild zeigt Jakob und Esau. Nach zwanzig Jahren Feindschaft umarmen und küssen sie sich. In der Nacht zuvor hat Jakob Gott ins Angesicht geschaut. Nun sieht er seinem Bruder Esau ins Angesicht und dieser begegnet ihm wohlwollend.

b) Nach der bedrohlichen nächtlichen Krise geschieht die versöhnliche Begegnung am Tag. Wahre Versöhnung gelingt nur, wenn ein Mensch mit seinen Tiefenschichten, mit seinem inneren Feuer, versöhnt ist.

Tagesgebet:

Priester:
Großer Gott!
Du bist der Mutterschoß, in dem wir Geborgenheit finden. Konflikte sind dir nicht fremd.
Wir bitten dich: Begleite diese Mädchen und Jungen auf ihren Wegen und Umwegen und schicke ihnen zur rechten Zeit deinen Engel, der weiß, was für sie gut ist, der sich um sie sorgt und sie stärkt, wenn sie nicht mehr weiterkönnen.
Darum bitten wir dich, durch Jesus Christus. Amen

Wortgottesdienst und Firmspendung

Evangelium: Joh 1, 43–51
Die ersten Jünger

Ansprache Firmspender

Lied: Du Herr gabst uns dein festes Wort

Vorstellung der Firmlinge:

Priester:
Lieber NN (Firmspender), diese Mädchen und Jungen haben sich in den vergangenen Wochen auf das Sakrament der Firmung vorbereitet. Im Vertrauen auf Gott bekennen sie sich heute zu einem Leben als Christ und bitten um die Spendung des Firmsakraments.

Taufgelübdeerneuerung:

Firmspender:
Liebe Firmlinge und Firmpaten! Bitte steht miteinander auf!
Wir werden nun das Sakrament der Firmung feiern. Wir feiern, dass Ruach, Gottes Geist und Kraft in euch lebt. Bei eurer Taufe haben Eltern und Paten stellvertretend für euch ihren Glauben bekannt.

Heute sollt Ihr euer Vertrauen an Gott bekennen. Eure Firmpaten stehen neben euch. Sie werden euch auf dem Weg zum Erwachsenwerden begleiten.
Gemeinsam gebt Ihr nun die Antwort: Wir glauben!

Ortspriester und Firmspender fragen abwechselnd:

Glaubt Ihr an Gott, der uns Mutterschoß ist und Geborgenheit schenkt, dem Konflikte aber nicht fremd sind?

Wir glauben.

Glaubt Ihr an Gott, der auf all unseren Wegen und Umwegen zu uns steht? Der mit uns ist und uns nicht verlässt und uns seine heilsamen Träume schickt?

Wir glauben.

Glaubt Ihr an Jesus Christus, der ganz Gott und ganz Mensch ist. Der in seinem Tod und in seiner Auferweckung uns vorgelebt hat, sein eigenes Leben zu leben und dem nötigen Kampf nicht auszuweichen?

Wir glauben.

Glaubt Ihr an Ruach, Gottes Heilige Geistin, die euch bestärkt, euer inneres Feuer, eure Begabung zu erkennen, damit Ihr euren eigenen Weg gehen könnt zum Wohle der Gemeinschaft?

Wir glauben.

Wir haben euer Glaubensbekenntnis gehört und entgegengenommen, lasst es in euch wachsen und bleibt euch selber treu!

Gebetseinladung:

Priester:
Lasset uns beten zu Gott, dem allmächtigen Vater, dem Mutterschoß, der Geborgenheit schenkt. Er gieße seinen Heiligen Geist auf diese jungen Christen aus. Er lasse seinen Heiligen Geist in diesen jungen Christen hervorquellen und schenke ihnen eine heilige Unruhe.
Ruach, Gottes Geistin stärke sie durch die Fülle ihrer Gaben und mache sie durch ihre Siegel Christus, dem Sohn Gottes, ähnlich.

Ausbreitung der Hände:

Firmspender:
Allmächtiger, ewiger Gott, Vater unseres Herrn Jesus Christus, du hast diese jungen Menschen in der Taufe aus der Tiefe geholt und ihnen neues Leben geschenkt.
Wir bitten dich:
Sende ihnen den Heiligen Geist, den Beistand.
Gib ihnen den Geist der Weisheit und der Erkenntnis, der Versöhnung und des Vertrauens und des großen Mutes, durch Christus unseren Herrn.

Zur Firmung:

Den folgenden Text lesen die Verantwortlichen der Firmung oder eine Frau und ein Mann abwechselnd vor:

*L*iebe Firmlinge!

Ihr habt euch zwei Monate auf diesen Tag, diesen Augenblick vorbereitet.

Auf deinem Weg zum Erwachsenwerden bist du hierher in unsere Pfarrkirche gekommen, dein inneres Feuer und dein Leben zu feiern.

Hinter dir liegt ein großer Teil deiner Kindheit. Nun heißt es Abschied nehmen von dieser Zeit. Vielleicht hast du dabei ein lachendes, aber auch ein weinendes Auge.

Vor dir liegt ein großer Teil deines Lebens. In den nächsten Jahren wirst du viele Entscheidungen treffen müssen. Deine Eltern werden dich sicherlich mit Rat und Tat unterstützen, doch entscheiden musst du dich schließlich selbst.

Dein Weg wird nicht immer geradlinig laufen. Viele Umwege sind nötig, um Erwachsen zu werden. Wir Erwachsenen (Blick zu den Eltern) können dabei nur gelassen zusehen.

Um dies im Ritual der Firmung ein wenig zu verdeutlichen, wirst du nicht direkt zum Firmspender vortreten, sondern einen kleinen Umweg gehen. Dabei wirst du durch drei Türen gehen, als Symbol für deine Entscheidungen und Wandlungen: eine rote, eine weiße und eine schwarze Tür.

Dein Firmpate, deine Firmpatin wird dich auf deinen Umwegen begleiten, zum Zeichen, dass er auch in Zukunft mit dir einige Umwege gehen wird.

Bei der roten Tür wird eine Mutter stehen, stellvertretend für alle Mütter, und dir ein Holzei überreichen. Das Ei ist Symbol für Leben. Schon in der Steinzeit, vor 200000 Jahren wurde den Toten bei der Beerdigung ein rot gefärbtes Ei ins Grab gelegt, mit dem Wunsch für Leben nach dem Tod. Unser Osterei erinnert noch heute an die Hoffnung auf das Leben über den Tod hinaus.

*Alles, was lebt, entstammt einem Ei, auch du!
Die Mütter wünschen dir Leben, Leben in Fülle.*

*Bei der weißen Tür wird ein Vater stehen,
stellvertretend für alle Väter und dir einen Halb-
edelstein überreichen. Jakob hat zum Schlafen seinen Kopf auf einen Stein gelegt. Der Stein ist Bild
für Stütze, Halt, Basis, Lebensgrund. In Afrika erinnern Steine an den eigenen Lebenssinn.*

*Die Väter wünschen dir solch einen zuverläs-
sigen Halt und Lebensgrund, einen befreienden Lebenssinn und dass du dich auf die Suche machst
nach dem Stein der Weisen.*

*Bei der schwarzen Tür wird ein Großeltern-
teil stehen, stellvertretend für alle Großeltern, und
dir ein Kreuz, das Tau des Heiligen Franziskus
umhängen.*

*Das Kreuz erinnert uns, dass das Leben hart
ist und dass Leid und Schmerzen zum Leben gehören. Das Kreuz erinnert dich, dass du noch manche
Kämpfe, mit anderen, aber vor allem mit dir selbst, austragen musst.
Die Großeltern wünschen dir, dass du die Herausforderungen deines Lebens annimmst.*

*Dann kommst du zum Firmspender. Er segnet und heiligt dich, dein Leben und deine
Entscheidungen. Er besiegelt dich mit dem Heiligen Siegel Gottes, denn du gehörst Gott und
bist somit frei. Du gehörst weder deinen Eltern noch der modernen Leistungsgesellschaft, noch
irgendeiner Mode, die sagt, wie du sein sollst.
Du bist frei und verantwortlich, dein eigenes
Leben zu leben!*

*Wenn du zum Firmspender hintrittst, sag
ihm laut und deutlich deinen Vornamen. Der
Firmspender legt dir behutsam seine Hand auf,
zeichnet mit Chrisam, dem Öl der Könige,
Priester und Propheten, ein Kreuz auf die Stirn
und spricht: »Sei besiegelt mit der Gabe Gottes,
dem Heiligen Geist!« Du antwortest: »Amen.«*

*Dein Pate, deine Patin legt dir während-
dessen eine Hand auf die Schulter und gibt dir
somit Rückhalt auf deinem Weg.*

*Dann segnet der Firmspender deinen Pa-
ten, deine Patin mit den Worten: »Gott segne
dich und schenke dir seine Kraft, die Verantwortung für deinen Firmling wahrzunehmen!«*

*Dann geht Ihr beide zurück zu euren
Plätzen.*

Firmritual

Die Band spielt leise Instrumentalmusik

Fürbitten:

Schön und sinnvoll ist es, wenn eine Lehrerin und/oder ein Trainer des Sportvereins oder eine Pfadfinderführerin eine Fürbitte liest. Die anderen Bitten werden von Firmlingen gelesen.

Priester:

Großer Gott! Du Gott des Weges!
Du bist ein treuer und zuverlässiger Gott. Du schickst uns Engel auf Leitern und du bist bereit, mit uns zu kämpfen. Unsere Umwege wandelst du in Heil.
Voll Vertrauen bitten wir dich:

1. Firmling:

Gott des Weges!
Du bist der Mutterschoß und die Geborgenheit. Du bist mit Konflikten vertraut.
Wir bitten dich: Schenke allen Menschen, denen die Geborgenheit fehlt, dein Vertrauen und deinen Mut.

Gott, höre unsere Bitten!

2. Firmling:

Gott des Weges!
Du stehst am Ende der Leiter und schickst den Verfolgten deine Engel.
Wir bitten dich: Schau auf die Flüchtlinge in aller Welt, auch auf jene, die vor sich selbst davonlaufen, und schenke ihnen deinen Halt.

Gott, höre unsere Bitten!

3. Firmling:

Gott des Weges!
Du stehst am Fluss, an jedem Lebensübergang und bist bereit, mit uns zu kämpfen.
Wir bitten dich: Schau auf jene, die am Leben vorbeileben und ihre Wege nicht mehr weitergehen wollen, und schenke ihnen deine heilsame Dunkelheit.

Gott, höre unsere Bitten!

4. Firmling:

Gott des Weges!
Du bist die Umarmung. Du bist die Versöhnung. Wir bitten dich: Schau auf jene, die Schuld auf sich geladen haben und sich selbst nicht mehr vergeben können. Schenke ihnen deine Liebe und Zärtlichkeit.

Gott, höre unsere Bitten!

Priester:

Gott des Weges!
Du kennst uns. Ob wir sitzen oder stehen, du weißt von uns. Ob wir gehen oder ruhen, es ist dir bekannt; du bist vertraut mit all unseren Wegen. Du hast unser Inneres geschaffen, uns gewoben im Schoß unserer Mütter.
Darum vertrauen wir dir und bitten dich durch Christus unseren Herrn. Amen.

Eucharistiefeier

Gabenbereitung:

Während des Gabenliedes bringen mehrere Firmlinge Tischdecken, drei Altarkerzen, Blumen etc. und die Gaben Brot und Wein zum Altar und bereiten den Tisch.

Lied: Nimm oh Herr die Gaben

Gabengebet:

Gott des Weges!
Wer auf dem Weg ist, muss auch innehalten und etwas essen. Wir haben diesen Tisch gedeckt und wollen miteinander Mahl feiern.
Wir bitten dich: Sei uns allen nahe mit deinem guten Geist. Öffne unsere Herzen, damit wir deine Menschenfreundlichkeit erkennen. Darum bitten wir an diesem Festtag und für alle Tage unseres Lebens. Amen.

Hochgebet

Sanctus: Gib mir Liebe ins Herz

Lied: Vaterunser

Lied nach dem Friedensgruß: Steht auf vom Tod

Kommunion:

Dank an die FirmbegleiterInnen (Hauptverantwortliche der Firmung):

Wir möchten uns bei euch Firmbegleiterinnen und Firmbegleiter ganz herzlich für eure Arbeit in der Firmvorbereitung bedanken.

Ihr habt die Mädchen und Jungen mit viel Liebe und viel Einsatz auf das heutige Fest vorbereitet. Ihr habt mit ihnen gearbeitet, gespielt und gelacht und ihnen vor allem zugehört.

Vielleicht wart ihr ein Stück weit einer jener Engel auf der Leiter, die den Himmel mit der Erde verbindet.

Ein herzliches Dankeschön an euch!

Alle werden namentlich aufgerufen und erhalten ein kleines Geschenk, beispielsweise einen kleinen Holzengel, eine Blume im Topf (vielleicht eine selbstgebastelte Jakobsleiter) ...

Worte zum Abschied und für die Zukunft:

Hauptverantwortliche der Firmung, abwechselnd gelesen:

Ein Stück eures Weges sind wir mit euch – Mädchen und Jungen – mitgegangen. Abschied nehmen und einander loslassen müssen wir von der Geburt bis zum Tod lernen.

Mit auf den Weg geben wir euch unser Segensgebet aus dem Firmbuch:

Deine Augen sind deine Art
die Welt zu sehen,
sie zu betrachten und die Schönheit
und das Erregende
aller sichtbaren Dinge
in dich aufzunehmen.

Deine Lippen sind deine Art
zu sprechen und zu singen,
zu essen und zu küssen und
deine Freude zum Ausdruck zu bringen.

Deine Beine sind deine Art
zu gehen und zu laufen,
zu tanzen
und dich an jenen Ort zu bewegen,
der dir gefällt.

Dein Herz ist deine Art
zu lieben und dich zu öffnen
und für all das,
was dir wertvoll ist.

Dein Körper ist deine Art
zu leben, zu handeln
und hier und jetzt zu sein,
wie du bist.
Er ist der lebendige Ausdruck
deiner selbst.

Lied: Atme in uns

Segen:

Firmspender:
Mit der Kraft des Heiligen Geistes senden wir euch in die Welt hinaus.

Ruf:

Der Herr sei mit euch. Alle: Und mit deinem Geiste.

Es segne euch, euer inneres Feuer und eure Begabungen, der treue und heilsame Gott, der Vater, der Sohn und Ruach, Gottes Geistin. Amen.

**Gehet hin und bringet Frieden.
Dank sei Gott, dem Herrn.**

Praxis D – Initiationswochenende

> *Initiation*
> *macht einen Menschen*
> *geheimnisvoll*
>
> Michael Meade

»Die Nacht des Feuers« und »Vasalisa« – Vorabinformationen

Die »Nacht des Feuers« und »Vasalisa« verstehen wir als Impuls zur Initiation. Auch wenn wir im Folgenden immer wieder von Initiation schreiben, so ist diese Initiation aufgrund der Kürze (ca. 24 Stunden) letztlich nur als Impuls zu verstehen. Initiation ist in unserer Gesellschaft jedoch meist ein lebenslanger Prozess. Immer wieder machen wir schmerzvolle, initiatorische Erfahrungen und sehnen uns nach Bestätigung durch die Gemeinschaft, wenn wir die Prüfung bestanden haben.

Zwei Ziele sind uns bei diesen Wochenenden wesentlich: Zum einen soll die Beziehung zwischen Paten und Firmling gestärkt und vertieft werden, zum anderen soll es eine Visionssuche sein. Der Firmling soll seine Begabung, die innere Kraft der Intuition und zugleich Wege finden, sie zum eigenen Wohle und zum Wohle der Gemeinschaft einzusetzen.

Initiation gibt es in unserer modernen Gesellschaft bisher nur für Erwachsene. An vielen Orten werden mehrtägige Seminare oder ein Visionssuchen für Männer oder Frauen angeboten.

Wir stellen hier zwei initiatorische Wochenenden, eines für Jungen, das andere für Mädchen, mit ihren Inhalten, Ritualen und Methoden vor und somit auch zur Diskussion. An einer kritischen Auseinandersetzung und Weiterentwicklung sind wir stets interessiert.

Der jeweilige Ablauf wird von uns seit mehreren Jahren in dieser und ähnlicher Form durchgeführt und hat sich bewährt. Gerne können Sie unser Modell verändern, den Bedürfnissen der Umgebung, der Teilnehmer und den pfarrlichen Anforderungen anpassen.

Einige Punkte sind allerdings so elementar, dass wir ausdrücklich darauf hinweisen, sie nicht zu verändern:

- *Team:* Auch bei einer sehr kleinen Gruppe hat es sich bewährt, die Initiation in einem Team von mindestens zwei, besser drei Personen, zu leiten. Es handelt sich zwar um ein pädagogisches Projekt, doch da immer auch alte Wunden aufbrechen können, ist es gut, wenn mindestens einer der beiden eine psychologische Ausbildung mitbringt.
- *Einstimmung:* Wir empfehlen den Leitern, sich am Ort des Rituals mindestens eine Nacht vorher einzustimmen. Ein Segensgebet, ein bewusstes Abschreiten des Platzes, dient der

Reinigung des Platzes und der Reinigung der Leiter. Es ist nicht gut, am Vormittag noch dringende Post im Pfarrbüro zu erledigen und nachmittags eine Initiation zu leiten. Initiation ist keine »Unterhaltung« für Firmlinge. Dafür gibt es andere Angebote.

- *Prozess begleiten:* Jedes Ritual besteht aus zwei Teilen. Der Erste ist geplant: Der rituelle Raum wird vorbereitet und die Choreographie des Ablaufs durchdacht.

  Der zweite Teil lässt sich nicht planen. Das Ritual bietet die Gelegenheit, sich im vorbereiteten Raum fallen zu lassen, die spontanen Emotionen laufen zu lassen, Worte zu sprechen oder Gesten zu vollführen, die wir vielleicht sonst nicht tun würden.

  Wenn ein Ritual in Gang ist, ist es nicht mehr leicht beeinflussbar und wir sollten den Fortgang mit Gelassenheit dem Wirken Gottes überlassen.

- *Vollständiger Kreislauf:* Wichtig ist die Einhaltung des Ritualkreislaufes nach van Gennep.

  Trennungsphase – Abholung der Teilnehmer aus dem Alltag und Hinführung zu Schwelle

  Übergangsphase – Hauptteil mit Prüfung, Kraftübertragung ...

  Wiedereingliederungsphase – Reflexion des Erlebten und Rückführung in den Alltag.

Die Nacht des Feuers

Impuls zur Initiation für männliche Firmlinge und deren männliche Begleiter

Organisationsform:

Wochenende von Samstag 14.00 Uhr bis Sonntagmittag.

Gruppe:

Ca. zehn Jungen mit ihrem männlichen Firmpaten, Vater oder erwachsenem Freund und mindestens zwei, besser drei männliche Begleiter. Sie sollten diese Initiation bereits selbst erlebt haben und mindestens einer der Begleiter sollte über eine psychologische Ausbildung verfügen.

Raum:

Tipi (großes Indianerzelt) oder Hütte mit der Möglichkeit, ein großes Feuer zu machen. Wald mit kleinem Bach (evtl. mit Wasserfall).

Ablauf:

Samstag:

14.00 Uhr	Zuerst ein kleiner Imbiss, dann Begrüßung, Vorstellen, Raum vorbereiten
16.00 Uhr	Spielerische Hinführung zum Thema »MannWerden – MannSein« Theoretischer Teil: »Bedeutung der Initiation in anderen Kulturen und bei uns«
18.00 Uhr	Ritual: Ablösung und Prüfung
21.00 Uhr	Heilungsritual
22.30 Uhr	Hoch-Zeit; grillen, essen, feiern

Sonntag:

8.00 Uhr	Frühstück im Bildungshaus
9.00 Uhr	Visionssuche Reflexion des Vortages
11.00 Uhr	Wortgottesdienst
12.00 Uhr	Auf- und Zusammenräumen
12.30 Uhr	Mittagessen im Bildungshaus

Material:

Samstag:

Erde
Wasser
Asche
1 rote Augenbinde pro Firmling
Kopien mit Segenstext
150 Meter Bergsteigerseil
großes Tuch

Sonntag:

Lederschnur
Material zum Gestalten (Holzkugeln, Muscheln, Edelsteine, Federn usw.)
rotes Schreibpapier
Schreibzeug
Wasserkrüge
Massageöl
Brot und Wein

Einstieg in das Wochenende

Da viele Teilnehmer von weit her anreisen und es auch längere Zeit nichts zu essen gibt, beginnen wir mit einem kleinen Imbiss.

Vorbereitung des Raumes

Nach der Begrüßung, kurzem Vorstellen der Referenten und Klärung von Organisatorischem richten wir gemeinsam den Ritualraum her. Dazu bilden wir aus den Teilnehmern fünf Gruppen. Es geht darum, sich den Raum in und um das Tipi/die Hütte vertraut zu machen, ihn mit eigener Kraft zu füllen und Kraft aus dem Raum zu tanken.

Die fünf Gruppen sind jeweils verantwortlich für die Gestaltung eines bestimmten Bereichs:

Umrandung: Das Tipi/die Hütte und der Platz davor soll von der ersten Gruppe mit Naturmaterialien (Steinen, Ästen, Blumen etc.) ähnlich einer »Dorfmauer« umrandet werden.

- Eingang/ Torbogen: Eine zweite Gruppe gestaltet den Eingang, einen Torbogen aus Ästen und Blumen. Der Platz darf nun nur mehr durch diesen Torbogen betreten bzw. verlassen werden.
- Innenraum: Im Zelt/in der Hütte wird der Raum geschmückt und gestaltet.
- Feuerplatz: Die Feuerstelle, der Platz darum herum, wird gestaltet. Holz für die ganze Nacht wird hergerichtet.
- Erdplatz: Ebenso wird der Erdplatz hergerichtet (Näheres dazu auf S. 94).

Hinführung zum Thema »Mann-werden«, »Mann-Sein«

Die Firmlinge und ihre Paten werden angeleitet – jeder für sich – im Wald um das »Dorf« drei Symbole, die für das Mann-Sein oder Mann-Werden wesentlich sind, zu suchen oder sich von drei Symbolen finden zu lassen. Anschließend gibt es einen Austausch in Kleingruppen (zwei Firmlinge und deren Paten).

Beim Austausch sollte genügend Zeit sein, damit sich die Teilnehmer auch besser kennen lernen. Daraufhin kommen alle zum Palaver ans Feuer. Zuerst segnet der Leiter das Feuer mit Weihrauch. Dabei rufen alle ein lautes »Hou!« Dieses Hou kann immer wieder in die Runde hineingerufen werden, wenn beispielsweise jemand etwas sehr Vernünftiges sagt oder wenn jemand von etwas betroffen ist. Dann stellt sich jeder reihum vor; erzählt etwas Persönliches oder wie er auf dieses Seminar aufmerksam wurde, zeigt seine drei Symbole und erklärt deren Bedeutung. Hier kommen wahrscheinlich schon einige kraftvolle »Hou!"

Von den Jungen und Männern werden hier in der Regel typisch männliche Fähigkeiten genannt, wie Kraft, Mut, Ausdauer, Entschlossenheit, eine Meinung haben und dahinter stehen, aber auch Zärtlichkeit, Liebe, Ganzheit, Demut, Leichtigkeit. Speziell von den Jungen werden auch genannt: Verantwortung für die Umwelt und die Fähigkeit Kinder zu zeugen und eine Familie hervorzubringen.

Da sich nach dieser Runde die meisten nicht die Namen *aller* Teilnehmer merken können, gibt es an dieser Stelle spielerische Impulse, die es ermöglichen, schnell alle Namen zu behalten, zum Beispiel Zuwerfen eines Balles und gleichzeitiges Zurufen des Namens, solange bis jeder jeden beim Namen kennt.

Theoretischer Teil

Die Paten gehen mit einem Leiter zum Erdplatz. Die Firmlinge gehen mit dem anderen Leiter in den Wald. Die Leiter erklären in den Kleingruppen den strukturellen Ablauf des Rituals, erzählen von Initiationsriten anderer Kulturen und erläutern in diesem Zusammenhang die Bedeutung der Firmung und des Firmpaten als Mentor. Auch die fünf Weisheiten werden vorgestellt und besprochen.

Nach diesem kurzen theoretischen Teil ist Zeit für Fragen und Diskussion. Hier wird auch geklärt, wer Firmpate und zugleich Vater des Firmlings ist, denn der kann nicht bei allen Teilen des Rituals aktiv mitmachen, sondern wird dort Zuschauer.

Der Eisenhans oder Der Jüngling mit den goldenen Haaren

Nun beginnt das eigentliche Ritual, das bis nach Mitternacht dauern kann. Als Leitidee dient das Märchen »Der Eisenhans«, auch bekannt unter dem Namen »Der Jüngling mit den goldenen Haaren«. Dabei wird hier die Fassung verwendet, wie sie die Brüder Grimm erstmals in der 6. Auflage ihrer »Kinder- und Hausmärchen« 1850 abgedruckt haben.

Das Märchen wird in fünf Etappen frei erzählt:

1. Trennung von der Mutter – Der Tod der Kindheit
2. Konfrontation mit dem Eisenhans und 1. Prüfung
3. Abstieg und 2. Prüfung
4. Verwundung und Heilung
5. Hoch-Zeit

Nach jedem Teil gibt es Impulse, Aufgaben zu lösen oder Ähnliches. Bis zum Schluss steigt die Spannung und sowohl Firmlinge als auch Paten sind mit Interesse an den Abenteuern des Jünglings dabei.

Während die Firmlinge im Wald warten, stellen die Paten mit einem Leiter am Erdplatz einen Brei aus Wasser und Erde her. Die Paten erhalten die Einladung, schon beim Mischen ihre guten Gedanken, ihre Erderfahrungen, Gebete etc. in diesen Brei hineinzulegen.

Wenn die Paten bereit sind, werden die Firmlinge gerufen. Sie setzen sich vor ihren Paten hin und lauschen dem Märchen.

Das Märchen 1. Teil

Es war einmal ein König, der hatte einen großen Wald bei seinem Schloss, darin lief Wild aller Art herum. Zu einer Zeit schickte er einen Jäger hinaus, der sollte ein Reh schießen, aber er kam nicht wieder. »Vielleicht ist ihm ein Unglück zugestoßen«, sagte der König und schickte den folgenden Tag zwei andere Jäger hinaus, die sollten ihn aufsuchen, aber die blieben auch weg. Da ließ er am dritten Tag alle seine Jäger kommen und sprach: »Streift durch den ganzen Wald und lasst nicht ab, bis ihr alle drei gefunden habt.« Aber auch von diesen kam keiner wieder heim, und von der Meute Hunde, die sie mitgenommen hatten, ließ sich keiner wieder sehen. Von der Zeit an wollte sich niemand mehr in den Wald wagen, und er lag da in stiller Tiefe und Einsamkeit, und man sah nur zuweilen einen Adler oder Habicht darüber fliegen. Das dauerte viele Jahre, da meldete sich ein fremder Jäger bei dem König, suchte eine Versorgung und erbot sich, in den gefährlichen Wald zu gehen. Der König aber wollte seine Einwilligung nicht geben und sprach: »Es ist nicht geheuer darin, ich fürchte, es geht dir nicht besser als den anderen, und du kommst nicht wieder heraus.« Der Jäger antwortete: »Herr, ich will es auf meine Gefahr wagen. Von Furcht weiß ich nichts.«

Der Jäger begab sich also mit seinem Hund in den Wald. Es dauerte nicht lange, so geriet der Hund einem Wild auf die Fährte und wollte hinter ihm her. Kaum aber war er ein paar Schritte gelaufen, so stand er vor einem tiefen Pfuhl, konnte nicht weiter, und ein nackter Arm streckte sich aus dem Wasser, packte ihn und zog ihn hinab. Als der Jäger das sah, ging er zurück und holte drei Männer, die mussten mit Eimern kommen und das Wasser ausschöpfen. Als sie auf den Grund sehen konnten, so lag da ein wilder Mann, der braun am Leib war, wie rostiges Eisen, und dem die Haare über das Gesicht bis zu den Knien herabhingen. Sie banden ihn mit Stricken und führten ihn fort, in das Schloss. Da war große

Verwunderung über den wilden Mann. Der König aber ließ ihn in einen eisernen Käfig auf seinen Hof setzen und verbot bei Lebensstrafe, die Tür des Käfigs zu öffnen, und die Königin musste den Schlüssel selbst in Verwahrung nehmen. Von nun an konnte jeder wieder mit Sicherheit in den Wald gehen.

Der König hatte einen Sohn von acht Jahren, der spielte einmal auf dem Hof, und bei dem Spiel fiel ihm sein goldener Ball in den Käfig. Der Knabe lief hin und sprach: »Gib mir meinen Ball heraus.« »Nicht eher«, antwortete der Mann, »als du mir die Türe aufgemacht hast«. »Nein«, sagte der Knabe, »das tue ich nicht, das hat der König verboten«, und lief fort. Am anderen Tag kam er wieder und forderte seinen Ball. Der wilde Mann sagte: »Öffne meine Türe«, aber der Knabe wollte nicht. Am dritten Tag war der König auf die Jagd geritten, da kam der Knabe nochmals und sagte: »Wenn ich auch wollte, ich kann die Tür nicht öffnen, ich habe den Schlüssel nicht.« Da sprach der wilde Mann: »Er liegt unter dem Kopfkissen deiner Mutter, da kannst du ihn holen.« Der Knabe, der seinen Ball wieder haben wollte, schlug alle Bedenken in den Wind und brachte den Schlüssel herbei. Die Türe ging schwer auf und der Knabe klemmte sich den Finger. Als sie offen war, trat der wilde Mann heraus, gab ihm den goldenen Ball und eilte hinweg. Dem Knaben war angst geworden, er schrie und rief ihm nach: »Ach, wilder Mann, geh nicht fort, sonst bekomme ich Schläge.« Der wilde Mann kehrte um, hob ihn auf, setzte ihn auf seinen Nacken und ging mit schnellen Schritten in den Wald hinein. Als der König heimkam, bemerkte er den leeren Käfig und fragte die Königin, wie das zugegangen wäre. Sie wusste nichts davon, suchte den Schlüssel, aber er war weg. Sie rief den Knaben, aber niemand antwortete. Der König schickte Leute aus, die ihn auf dem Feld suchen sollten, aber sie fanden ihn nicht. Da konnte er leicht erraten, was geschehen war, und es herrschte große Trauer am königlichen Hof.

Impulsartig möchte ich hier nach jeder Erzählung einige Gedanken nicht unbeachtet lassen. Doch ist hier nicht der Ort, das Märchen vollständig zu deuten. Dazu empfehle ich das Buch »Eisenhans. Ein Buch über Männer« von Robert Bly.[17]

Die Entdeckung des Eisenhans

»Wenn ein Mann unserer Tage tief in seine Psyche blickt«, schreibt Bly, »sieht er vielleicht, wenn die Bedingungen günstig sind, unter dem Wasser seiner Seele ... ein großes, primitives Etwas liegen, von Kopf bis Fuß mit Haaren bedeckt«.[18] Haare werden in mythologischen Systemen mit dem Instinkthaften, mit dem Sexuellen und dem Primitiven verbunden. In den Tümpel hinabzusteigen und den haarigen Mann anzunehmen, ist beängstigend und riskant, umso mehr, »als sich die heutige Geschäftswelt alle Mühe gibt, den keimfreien, haarlosen, oberflächlichen Mann hervorzubringen«.[19]

Im Schlosshof wird der wilde Mann wie im Zoo zur Schau gestellt und damit seiner elementaren Energie beraubt.

Der Verlust des goldenen Balls

»Der goldene Ball erinnert uns an die einheitliche Persönlichkeit, die wir als Kinder hatten – eine Art strahlender Glanz, eine Ganzheit ... Es ist von Bedeutung, dass der Junge acht Jahre alt ist. Wir alle, ob Junge oder Mädchen, verlieren etwas in diesem Alter ... Ob wir Mann sind oder Frau, wenn der goldene Ball einmal verloren ist, verbringen wir den Rest unseres Lebens mit dem Versuch, ihn wieder zu bekommen«.[20]

Der Schlüssel unterm Kopfkissen der Mutter

»... der Schlüssel liegt unter dem Kopfkissen unserer Mutter – genau da, wo Freud ihn vermutet hätte«.[21] Hier geht es um Ablösung von der Mutter, denn das Kissen ist der Ort, an dem die Mutter alle Erwartungen hortet, die sie an ihre Kinder knüpft. Der Schlüssel muss gestohlen werden. Keine Mutter würde ihn freiwillig herausgeben und auch der Sohn könnte nicht reifen, bekäme er ihn geschenkt.

Nochmals Bly: »Als der Junge sich auf den Weg in den Wald macht, muss er, zumindest für den Augenblick, seine Furcht vor der Wildheit, vor Irrationalität, Instinkt, Intuition, Emotionalität, vor dem Körper und der Natur überwinden. Eisenhans ist nicht so primitiv, wie der Junge es sich vorstellt, aber das weiß der Junge – oder der Intellekt – noch nicht«.[22]

Auf den Schultern des wilden Mannes

»Bei den Hopi und einigen anderen indianischen Ureinwohnern des Südwestens nehmen die alten Männer den Jungen, wenn er zwölf Jahre alt ist, mit, um ihn hinunter in den ausschließlich männlichen Bereich der Kiva zu führen (d.h. in das sog. Werde-Haus, die unterirdische Zeremonialkammer). Dort unten bleibt er sechs Wochen, und seine Mutter sieht er anderthalb Jahre nicht wieder.«[23]

Viele Jungen erleben in unserer heutigen Gesellschaft Kameradschaft nur unter Gleichaltrigen, die aus der Sicht der alten Initiatoren überhaupt nichts verstehen. Männer können nur von Männern initiiert werden, ebenso wie Frauen nur von Frauen initiiert werden können. Frauen können einen Jungen gebären, aber nur Männer können aus einem Jungen einen Mann machen.[24] Dazu Bly: »Eine klare Ablösung von der Mutter ist wichtig, aber sie findet einfach nicht statt. Das soll nicht heißen, dass die Frauen etwas falsch machen: Ich denke, das Problem liegt eher darin, dass die älteren Männer ihre Aufgabe nicht mehr richtig erfüllen.«[25]

Ritual: Die Trennung von der Mutter – Der Tod der Kindheit

In diesem Teil geht es um die Trennung von der Mutter und um den Tod der Kindheit. Dabei sucht der Pate für den Firmling einen passenden Ort um den Erdplatz. Der Firmling legt sich auf die Erde oder auf Laub (bei Nässe evtl. auf eine ISO-Matte). Ein Stein (Jakob) kann das Kissen bilden.

Der Pate bestreicht den Firmling im Gesicht, an den Händen und je nach Bekleidung auch an nackten Armen und Beinen mit feuchter Erde. Dann wird der Firmling »eingewaldet«, das heißt er wird schweigend mit den umliegenden Naturmaterialien (Ästen, Laub und Moos) gänzlich bedeckt. Natürlich soll der Firmling noch gut atmen können. Die Äste dürfen aber mit ihrem Gewicht ruhig auf Bauch und Oberschenkel drücken.

Der Pate setzt sich etwas abseits und lässt seinem Firmling Zeit, sich in sein Wald-Grab einzufühlen. Dann spricht der Leiter: »Erwachsen werden heißt, sich zu verabschieden vom Rockzipfel der Mutter. Lass den Wunsch in dir, ständig versorgt und bedient zu werden, sterben und übernimm die Verantwortung für dein Leben!« Der Firmling bleibt bis zu fünf Minuten in seinem »Grab«.

Dann wird der Firmling vom Paten »auferweckt«. Dabei entfernt der Pate langsam wieder alle Äste vom Knaben, fasst ihn am Arm und sagt zu ihm: »Lieber NN, ich sage dir: Wache auf!«.

Der Weg führt nun durch den Wald bis an einen bemoosten Platz, nahe eines Bachs. Hier wird die Geschichte des »Eisenhans«, des »Jünglings mit den goldenen Haaren« weitererzählt. Die Paten bilden einen Kreis. Die Firmlinge setzen sich davor.

Das Märchen 2. Teil

*A*ls der wilde Mann wieder in dem finsteren Wald angelangt war, so setzte er den *Knaben von den Schultern herab und sprach zu ihm: »Vater und Mutter siehst du nicht wieder, aber ich will dich bei mir behalten, denn du hast mich befreit, und ich habe Mitleid mit dir. Wenn du alles tust, was ich dir sage, so sollst du es gut haben. Schätze und Gold habe ich genug und mehr als jemand in der Welt.« Er machte dem Knaben ein Lager von Moos, auf dem er einschlief, und am anderen Morgen führte ihn der Mann an einen Brunnen und sprach:*

»Siehst du, der Goldbrunnen ist hell und klar wie Kristall: du sollst dabeisitzen und Acht haben, dass nichts hineinfällt, sonst ist er verunehrt. Jeden Abend komme ich und sehe, ob du mein Gebot befolgt hast.« Der Knabe setzte sich an den Rand des Brunnens, sah, wie manchmal ein goldener Fisch, manchmal eine goldne Schlange sich darin zeigte, und hatte Acht, dass nichts hineinfiel. Als er so saß, schmerzte ihn einmal der Finger so heftig, dass er ihn unwillkürlich in das Wasser steckte. Er zog ihn schnell wieder heraus, sah aber, dass er ganz vergoldet war, und wie große Mühe er sich gab, das Gold wieder abzuwischen, es war alles vergeblich. Abends kam der Eisenhans zurück, sah den Knaben an und sprach: »Was ist mit dem Brunnen geschehen?« »Nichts, nichts«, antwortete er und hielt den Finger auf den Rücken, dass er ihn nicht sehen sollte. Aber der Mann sagte: »Du hast den Finger in das Wasser getaucht. Diesmal mag's hingehen, aber hüte dich, dass du nicht wieder etwas hineinfallen lässt.« Am frühsten Morgen saß er schon bei dem Brunnen und bewachte ihn. Der Finger tat ihm wieder weh, und er fuhr damit über seinen Kopf, da fiel unglücklicherweise ein Haar herab in den Brunnen. Er nahm es schnell heraus, aber es war schon ganz vergoldet. Der Eisenhans kam und wusste schon, was geschehen war: »Du hast ein Haar in den Brunnen fallen lassen«, sagte er; »ich will's dir noch einmal nachsehen, aber wenn's zum dritten Mal geschieht, so ist der Brunnen entehrt, und du kannst nicht länger bei mir bleiben.«

Am dritten Tag saß der Knabe am Brunnen und bewegte den Finger nicht, wenn er ihm noch so wehtat. Aber die Zeit ward ihm lang, und er betrachtete sein Angesicht, das auf dem Wasserspiegel stand. Und als er sich dabei immer mehr beugte und sich recht in die Augen sehen wollte, so fielen ihm seine langen Haare von den Schultern herab in das Wasser. Er richtete sich schnell in die Höhe, aber das ganze Haupthaar war schon vergoldet und glänzte wie eine Sonne. Ihr könnt denken, wie der arme Knabe erschrak. Er nahm sein Taschentuch und band es um den Kopf, damit es der Mann nicht sehen sollte. Als er kam, wusste er schon alles und sprach: »Binde das Tuch auf.« Da quollen die goldenen Haare hervor, und der Knabe mochte sich entschuldigen, wie er wollte, es half ihm nichts. »Du hast die Probe nicht bestanden und kannst nicht länger hierbleiben. Geh hinaus in die Welt, da wirst du erfahren, wie die Armut tut. Aber weil du kein böses Herz hast und ich's gut mit dir meine, so will ich dir eins erlauben: Wenn du in Not gerätst, so geh zu dem Wald und rufe »Eisenhans«, dann will ich kommen und dir helfen. Meine Macht ist groß, größer, als du denkst, und Gold und Silber habe ich im Überfluss.«

Der schmerzende Finger

Mircea Eliade beschreibt, dass die Initiation von Jungen in den verschiedensten Kulturen mit zwei Ereignissen beginnt:

Das Erste ist ein deutlicher Bruch mit der Mutter, wonach der Initiand in die Wälder, die Wüste oder die Wildnis geht. Das Zweite ist eine Verwundung, die die älteren Männer dem Jungen zufügen, einen Kratzer auf der Haut, einen Schnitt mit dem Messer, Schläge mit Brennnesseln, ein ausgeschlagener Zahn.

Die symbolhafte Verwundung durch die älteren Männer weist darauf hin, dass irgendetwas im heranwachsenden Mann nach Risiko verlangt, die Gefahr sucht und bis zum Äußersten geht. Beim Versuch, den wilden Mann aus dem Käfig zu lassen – im notwendigen Ungehorsam gegen die Eltern – verletzt sich der Junge am Finger. »Der verletzte Finger steht für eine Wunde, die die meisten jungen Männer in unserer Kultur bereits empfangen haben«.[26]

»Sei nicht so vorlaut!« – »Sitz gerade!« – »Du kommst ins Heim!« – »Du bist dumm!«

Schläge, Ohrfeigen und verbale Gewalttätigkeiten in Elternhaus und Schule zerstören und vergiften unser Selbstvertrauen, höhlen unser Gefühl für die eigene Würde aus und hinterlassen blaue Flecken auf der Seele.

Aber auch vernünftige Grenzsetzungen wie beispielsweise: »Die Schule ist wichtiger als Sport!« – »Lass die Finger von jenen Jungs, die nehmen Drogen!« hinterlassen Wunden in unserer Seele. »Diese Wunden bekommen wir zugefügt, gleich ob wir unsere Eltern ehren oder nicht, gleich ob wir gut oder böse sind. Die meisten könnte man als Verletzung unserer eigenen Großartigkeit beschreiben. Wenn wir klein sind, haben wir das Gefühl, Gott zu sein. Unser königliches, pränatales Leben ließ auf eine solche Möglichkeit schließen, und wenn jemand, sobald wir draußen sind, versucht uns klarzumachen, dass wir nicht Gott sind, so hören wir nicht darauf.«[27]

Bly nennt dieses Empfinden »infantile Großartigkeit« und unterscheidet sie von Größe und »wahrer Großartigkeit«, die auch ein Teil von uns ist. Gerade als Jugendliche haben wir eine gehörige Portion dieser infantilen Großartigkeit in uns und bilden uns daher ein zu wissen, was gut für uns ist.

Deshalb ist die Verwundung der älteren Männer hier wichtig. Sie setzt Grenzen und sagt den Jungen, dass die Wunden zum Leben dazugehören, dass sie unvermeidbar sind. Die fünf Weisheiten, die Richard Rohr bei den Initiationen der verschiedensten Kulturen entdeckte, kommen hier zur Geltung. Sie sollen helfen, unsere Wunde nicht zu persönlich zu nehmen.

Durch die Initiation soll die Verletzung nicht mehr nur als ein Unglück gesehen werden, sondern als eine Chance zum Wachsen. Sie führt zum heiligen Wasser. Dort wird die Energie der Sonne Eingang in den Körper des Mannes finden und ihn vergolden.

Das Bewachen des Goldbrunnens

Das Wasser, die heilige Quelle ist ein bedeutsamer Ort, an dem auch ein ganz gewöhnlicher Mensch Inspiration, geistige Nahrung und Weisheit finden kann. Mircea Eliade sagt von der männlichen Initiation: »Die Initiation während der Pubertät bedeutet vor allem die Offenbarung des Heiligen ... Vor der Initiation haben (Jungen) noch nicht völlig Anteil an der ›Conditio Humaine‹, gerade weil sie noch keinen Zugang zum religiösen Leben haben.«[28]

Religion meint hier nicht doktrinäres Denken oder Pietät oder Reinheit. Religion bedeutet hier, »den Kopf zu senken und auf die eigenen Träume zu hören, ein heimliches Leben zu führen, im Stillen zu beten, demütig zu sein; ... nicht die Wunde zu sein, sondern die Wunde in den Griff zu bekommen«.[29]

Das Wasser des wilden Mannes heilt die Wunde nicht von allein, aber es schenkt dem Teil in uns Kraft, der die Verletzung verwandelt.

Als Eisenhans den Jungen zum Wasser führt, dringt die Energie der Sonne in den Körper des Jünglings.

Das goldene Haar

»In der ganzen Welt symbolisiert Gold den Glanz der Sonne, königliche Macht, inneres Leuchten, Schutz vor Verfall, Unsterblichkeit, geistige Brillanz.«[30]

Die Haare symbolisieren für Bly nicht nur sexuelle Energie, sondern die leidenschaftlich aufbrausende Natur im Ganzen: feuriges Temperament, Impulsivität, Spontaneität.

Der Junge am Brunnen verliebt sich nicht in sein eigenes Spiegelbild, sondern er erkennt durch seine Augen seine eigene Natur, denn das Wasser konnte nur das im Jungen verwandeln, das schon wesenhaft in ihm angelegt war. Der Jüngling lernt: Sexuelle Energie ist gut, Wildheit und leidenschaftliche Spontaneität sind gut, das Animalische in ihm ist gut, auch Exzesse und Extravaganzen sind gut, denn, so William Blake: »Der Weg der Ausschweifung führt zum Palast der Weisheit.«[31]

Der Weg hinaus in die Welt

In der rituellen Zeit des Märchens sind drei Tage vergangen. In unserer Zeitrechnung vielleicht 15 Jahre. Der Junge hatte eine Aufgabe zu erfüllen und er hat dreimal versagt, doch hat er jedes Mal ein Geschenk bekommen. »Wir schließen daraus, dass es entscheidender ist, eine initiatorische Aufgabe anzunehmen, als sie zu meistern oder daran zu scheitern.«[32]

Der wilde Mann ist also mehr ein Meditationslehrer als ein Barbar. Seine Aufgabe ist es, ihn auf seine Wunde hinzuweisen, an seiner infantilen Großartigkeit zu rütteln, um ihm dann »beizubringen, wie reich, mannigfach und vielseitig seine Männlichkeit ist«.[33]

Das Ritual: Die »Abreibung«

In der Nacht des Feuers erhalten die Firmlinge nun die Aufgabe, schweigend(!) am Bach zu wachen, damit nichts hineinfällt. Dabei sollen sie an eine »goldene Begabung«, also eine Eigenschaft oder Fähigkeit denken, die sie ihrer Meinung nach gut können, mit der sie von Gott, oder der Natur reich beschenkt wurden.

Die Paten gehen nun mit einem Leiter den Bach abwärts und steigen einen Wasserfall hinunter. Der zweite Leiter ist bei den Firmlingen, der Dritte begleitet nach und nach die Firmlinge einzeln denselben Weg bis zum Wasserfall. Auf dem Weg berichten die Firmlinge von ihrer »goldenen Fähigkeit«. Den Wasserfall steigen die Firmlinge alleine hinab.

Unten angekommen erhalten sie die »Abreibung«: Eine Kopfwäsche mit eiskaltem Wasser durch die Paten. Wichtig ist hier, die Paten darauf hinzuweisen, dass das kalte Wasser die Abreibung ist und nicht die Hand des Paten! Wir müssen den Jungen keine großen Schmerzen zufügen, sondern nur eindringlich auf diese Botschaften des Lebens hinweisen.

Dabei sprechen die Paten den Firmling namentlich an und sagen abwechselnd die fünf Weisheiten:

NN, das Leben ist hart!
NN, du wirst einmal sterben!
NN, du bist nicht so wichtig!
NN, du hast nicht die Kontrolle!
NN, das Leben dreht sich nicht um dich!

Nach jeder Kopfwäsche rufen alle Männer gemeinsam ein lautes Hou!

Hier ist wichtig, dass jene Firmpaten, die zugleich Vater des Firmlings sind, in die Zuschauerposition wechseln.

Anschließend gehen wir den Bach entlang abwärts durch den Wald bis vor eine kleine Lichtung. Patenkreis. Die Firmlinge setzen sich davor. Vom Paten werden ihnen die Augen mit einem roten Band verbunden. »Blind« lauschen sie dem Märchen.

Das Märchen 3. Teil

*D*a verließ der Königssohn den Wald und ging über gebahnte und ungebahnte Wege immerzu, bis er zuletzt in eine große Stadt kam. Er suchte da Arbeit, aber er konnte keine finden und hatte auch nichts erlernt, womit er sich hätte forthelfen können. Endlich ging er in das Schloss und fragte, ob sie ihn behalten wollten. Die Hofleute wussten nicht, wozu sie ihn brauchen sollten, aber sie hatten Wohlgefallen an ihm und hießen ihn bleiben. Zuletzt nahm ihn der Koch in Dienst und sagte, er könnte Holz und Wasser tragen und die Asche zusammenkehren. Einmal, als gerade kein anderer zur Hand war, hieß ihn der Koch die Speisen zur königlichen Tafel tragen; da der Königssohn aber seine goldenen Haare nicht wollte sehen lassen, so behielt er sein Hütchen auf. Dem König war so etwas noch nicht vorgekommen, und er sprach: »Wenn du zur königlichen Tafel kommst, so musst du deinen Hut abziehen.« »Ach Herr«, antwortete er, »ich kann nicht, ich habe einen bösen Grind am Kopf«. Da ließ der König den Koch herbeirufen, schalt ihn und fragte, wie er einen solchen Jungen hätte in seinen Dienst nehmen können; er sollte ihn gleich fortjagen. Der Koch aber hatte Mitleid mit ihm und tauschte ihn mit dem Gärtnerjungen.

Nun musste der Junge im Garten pflanzen und gießen, hacken und graben und Wind und böses Wetter über sich ergehen lassen. Einmal im Sommer, als er allein im Garten arbeitete, war der Tag so heiß, dass er sein Hütchen abnahm, damit die Luft ihn kühlen sollte. Wie die Sonne auf das Haar schien, glitzte und blitzte es, dass die Strahlen ins Schlafzimmer der Königstochter fielen und sie aufsprang, um zu sehen, was das wäre. Da erblickte sie den Jungen und rief ihn an: »Junge, bring mir einen Blumenstrauß.« Er setzte in aller Eile sein Hütchen auf, brach wilde Feldblumen ab und band sie zusammen. Als er damit die Treppe hinaufstieg, begegnete ihm der Gärtner und sprach: »Wie kannst du der Königstochter einen Strauß von schlechten Blumen bringen? Geschwind, hole andere und such die Schönsten und Seltensten aus.« »Ach nein«, antwortete der Junge, »die wilden riechen kräftiger und werden ihr besser gefallen«. Als er in ihr Zimmer trat, sprach die Königstochter: »Nimm dein Hütchen ab, es ziemt sich nicht, dass du ihn vor mir aufbehältst.« Er antwortete wieder: »Ich darf nicht, ich habe einen grindigen Kopf.« Sie griff aber nach dem Hütchen und zog es ab, da rollten seine goldenen Haare auf die Schultern herab, dass es prächtig anzusehen war. Er wollte fortspringen, aber sie hielt ihn am Arm und gab ihm eine Hand voll Dukaten. Er ging damit fort, achtete aber des Goldes nicht, sondern er brachte es dem Gärtner und sprach: »Ich schenke es deinen Kindern, die können damit spielen.« Den andern Tag rief ihm die Königstochter abermals zu, er sollte ihr einen Strauß Feldblumen bringen, und als er damit eintrat, grapschte sie gleich nach seinem Hütchen und wollte es ihm wegnehmen, aber er hielt es mit beiden Händen fest. Sie gab ihm wieder eine Hand voll Dukaten, aber er wollte sie nicht behalten und gab sie dem Gärtner zum Spielwerk für seine Kinder. Den dritten Tag ging's nicht anders, sie konnte ihm sein Hütchen nicht wegnehmen, und er wollte ihr Geld nicht.

Nicht lange danach ward das Land mit Krieg überzogen. Der König sammelte sein Volk und wusste nicht, ob er dem Feind, der übermächtig war und ein großes Heer hatte, Widerstand leisten könnte. Da sagte der Gärtnerjunge: »Ich bin herangewachsen und will mit in den Krieg ziehen. Gebt mir ein Pferd.« Die anderen lachten und sprachen: »Wenn wir fort sind, so suche dir eins. Wir wollen dir eins im Stall zurücklassen.« Als sie ausgezogen waren, ging er *in den Stall und zog das Pferd heraus; es war an einem Fuß lahm und hickelte hunkepuus, hunkepuus. Dennoch setzte er sich auf und ritt fort nach dem dunklen Wald. Als er an den Rand desselben gekommen war, rief er dreimal »Eisenhans« so laut, dass es durch die Bäume schallte. Gleich darauf erschien der wilde Mann und sprach: »Was verlangst du?« »Ich verlange ein starkes Ross, denn ich will in den Krieg ziehen.« »Das sollst du haben und noch mehr als du verlangst.« Dann ging der wilde Mann in den Wald zurück, und es dauerte nicht lange, so kam ein Stallknecht aus dem Wald und führte ein Ross herbei, das schnaubte aus den Nüstern und war kaum zu bändigen. Und hinterher folgte eine große Schar Kriegsvolk, ganz in Eisen gerüstet, und ihre Schwerter blitzten in der Sonne. Der Jüngling übergab dem Stallknecht sein dreibeiniges Pferd, bestieg das andere und ritt vor der Schar her. Als er sich dem Schlachtfeld näherte, war schon ein großer Teil von des Königs Leuten gefallen, und es fehlte nicht viel, so mussten die übrigen weichen. Da jagte der Jüngling mit seiner eisernen Schar heran, fuhr wie ein Wetter über die Feinde und schlug alles nieder, was sich ihm widersetzte. Sie wollten fliehen, aber der Jüngling saß ihnen auf dem Nacken und ließ nicht ab, bis kein Mann mehr übrig war. Statt aber zu dem König zurückzukehren, führte er seine Schar auf Umwegen wieder zu dem Wald und rief den Eisenhans heraus. »Was verlangst du?«, fragte der wilde Mann. »Nimm dein Ross und deine Schar zurück und gib mir mein dreibeiniges Pferd wieder.« Es geschah alles, was er verlangte, und er ritt auf seinem dreibeinigen Pferd heim. Als der König wieder in sein Schloss kam, ging ihm seine Tochter entgegen und wünschte ihm Glück zu seinem Sieg. »Ich bin es nicht, der den Sieg davongetragen hat«, sprach er, »sondern ein fremder Ritter, der mit seiner Schar zu Hilfe kam«.*

Die Tochter wollte wissen, wer der fremde Ritter wäre, aber der König wusste es nicht und sagte: »Er hat die Feinde verfolgt, und ich habe ihn nicht wiedergesehen.« Sie erkundigte sich bei dem Gärtner nach seinem Jungen. Der lachte aber und sprach: »Eben ist er auf seinem dreibeinigen Pferd heimgekommen, und die anderen haben gespottet und gerufen: › Da kommt unser Hunkepuus wieder an.‹ Sie fragten auch: › Hinter welcher Hecke hast du derweil gelegen und geschlafen?‹ Er aber sprach: › Ich habe das Beste getan, und ohne mich wäre es schlecht gegangen.‹ Da ward er noch mehr ausgelacht«.

Katabasis – Der Abstieg zum Aschenjungen

Bisher hat der Junge mit dem goldenen Haar viel über Gold, die Welt des Geistes gelernt. Nun soll er die Armut kennen lernen. Der Weg führt nach längerer Wanderschaft nach unten, in die Küche des Schlosses, die traditionellerweise im Keller liegt. Die alten Griechen nannten diesen Abstieg »katabasis«. Hier wird Demut erlernt. Der Junge fühlt sich nicht mehr als etwas Besonderes. In der Küche muss er Holz und Wasser tragen und die Asche zusammenfegen. Bei den Wikingern wurden den jungen Männern zwei oder drei Aschenjahre zugestanden, das heißt, sie saßen in der Asche am Feuer. Ihnen lag weder daran, sich mit irgendetwas Nützlichem zu beschäftigen noch sich sauber zu halten. Sie verharrten in ritueller Lethargie und die älteren Männer und Frauen ließen es zu. Heute gibt es kein Ritual dafür, wenn junge Leute sich noch für keinen Beruf entscheiden wollen (oder können) und alles »hinschmeißen« möchten. Den »schmutzigen Punks« am Bahnhof haftet sogar etwas Kriminelles an. Wir erleben unsere Aschenjahre meist erst nach dem Herzinfarkt oder einer Depression in der Midlife-crisis, wenn unsere Jugendträume in »Schutt und Asche« liegen. C.G. Jung meint, dass dies uns »die Gelegenheit bietet, bewusst zu werden, das heißt zu dem Menschen zu erwachen, der wir im Gegensatz zu dem sind, der wir zu sein glauben.«[34]

Das Wort Asche enthält eine dunkle Todesahnung. »Die Initiation besagt, dass im Inneren des Jungen ein kindliches Wesen sterben muss, bevor er zum Mann werden kann … Vielleicht wird er für Stunden oder sogar Tage an einen dunklen Ort gebracht, wo er den Geistern der toten Vorfahren vorgestellt wird. Dann kriecht er durch einen Tunnel – oder Vagina – aus Gestrüpp und Zweigen. Am anderen Ende warten die alten Männer auf ihn.«[35]

Neben der Demut und dem Trauern wird in der Aschenzeit eine dritte wichtige Fähigkeit erlernt: das Schaudern. In der griechischen Mythologie verbrannte Zeus die schrecklichen Titanen zu Asche. Daraus entstanden die Menschen. Diese Vorstellung erklärt uns unsere eigene Grausamkeit und Kälte. »Kinder können sehr leicht erschaudern und oft bricht ein Kind in Tränen aus, wenn es ein verletztes Tier sieht. Später jedoch greift das System der Dominanz und manche Jungen beginnen Insekten und andere Tiere zu quälen und zu töten, um ihre eigene Unwichtigkeit zu kaschieren.«[36] Ein junger Mann muss aber genau das lernen, was die Titanen nie lernten. Er muss, wie es in einem anderen Märchen heißt, das Fürchten lernen. Ein Mann, der nicht schaudern kann, der sich vor nichts fürchtet, ist unfertig und gefährlich. »Wenn man die Fähigkeit zu schaudern erlangt, bedeutet das zu empfinden, wie zerbrechlich menschliche Wesen sind und wie furchtbar es ist, ein Titan zu sein.«[37]

Erste Begegnung mit dem König

»Zwei Könige sind ein beliebtes Motiv im Märchen. Mit dem eigenen Vater – dem ersten König – gibt es Probleme. Dann muss man das erste Schloss verlassen.«[38] Irgendwann taucht dann – nach einer Zeit des Leidens und der Einsamkeit – ein zweiter König auf. Ein komplizierter Tanz beginnt, in dessen Verlauf der Held lernt, eine fruchtbare Beziehung zum neuen König aufzubauen. Goldene Haare sind etwas Wunderbares,

aber in der Adoleszenz eher eine Belastung als Hilfe. Wenn wir dem König zum ersten Mal begegnen, »wissen wir nicht, was wir damit anfangen sollen – ob wir sie zeigen und uns damit brüsten oder verstecken und Ausreden erfinden sollen«.[39] So sagt der Junge ganz richtig: »Ich habe einen Ausschlag am Kopf.«

Im Garten der Liebe

Der Garten ist ein von Mauern umfriedeter Raum, er ist der richtige Ort für Liebende. Erst, wenn der Junge den Keller wieder verlassen, also die Aschenjahre hinter sich gelassen hat und in den Garten gegangen ist, kann es zu einer fruchtbaren Begegnung mit der Königstochter kommen. »Die Initiation fordert somit jeden jungen Mann an einem gewissen Punkt dazu auf, zu einem Liebenden zu werden: Das heißt, den Liebenden in sich zu entwickeln, aus dem Samen eine Blume werden zu lassen.«[40] Der Jüngling spürt intuitiv, dass die Königstochter die wilden Blumen liebt. Die Königstochter hingegen weiß etwas, wovon ihr Vater keine Ahnung hat. Sie weiß, was in diesem Goldjungen steckt, und sie liebt dieses Gold.

Der innere Krieger

Ein altes keltisches Sprichwort lautet: »Gib einem Mann keine Waffe, bevor du ihm nicht das Tanzen beigebracht hast.«[41] Nach der Kunst des Liebens lernt der Junge die Kunst des Krieges. Der »Krieger« ist durch die grausamen Erfahrungen unseres Jahrhunderts sehr ins Zwielicht geraten. Man(n) ist lieber »soft«. »Softies« gestatten einer anderen Person, »seine Grenzen zu überschreiten, in sein psychisches Haus einzudringen, ihn verbal zu misshandeln, seine Schätze fortzutragen und die Tür hinter sich zuzuknallen; der Mann, der eben überfallen wurde, steht einfach nur da, mit einem einnehmenden, leicht verwirrten Lächeln auf den Lippen.«[42] Doch mythologisch betrachtet erheben die Krieger ihr Schwert, um den König und sein Reich zu verteidigen. Vielen Männern fehlen heutzutage in ihrem Inneren diese wachen und lebendigen

Krieger, die ihre Grenzen, ihr seelisches Haus verteidigen. Es ist, als wäre an der Innenseite der Tür zu ihrer Seele keine Klinke, sondern nur außen, sodass jeder nach Belieben eintreten darf und ihn verletzen kann. Doch Johannes Chrysostomos, Bischof von Konstantinopel, schrieb um 400 n.Chr.: »Keiner kann verletzt werden, außer er verletzt sich selbst.«[43]

Mit diesem provozierenden Satz meint er, dass der freie Mensch nicht von dem Leid, das ihn von außen trifft, bestimmt wird, sondern von seinem Inneren, letztlich von Gott. Ausgenommen sind natürlich wehrlose Kinder. Doch die Verletzungen unserer Kindheit, »die nicht aufgearbeitet werden, verdammen uns dazu, entweder uns selbst oder andere zu verletzen«.[44]

Der Jüngling mit den goldenen Haaren hat am Brunnen seine Verletzung aufgearbeitet und ist auf seinem Weg hinab in die Asche und hinein in den Garten seiner eigenen Wahrheit und der Liebe begegnet. Die Wahrheit und die Liebe machen uns frei. Nun, als der Feind mit einem großen Heer den Grenzen entgegen schreitet, kommt es darauf an, die Grenzen, die eigene Wahrheit und die Liebe zu verteidigen. »Die Grenzen und den König zu verteidigen bedeutet, um die oben erwähnte Metapher zu benutzen, die Türklinke auf die Innenseite der Tür zu bringen.«[45]

Ritual: Kraftübertragung und Prüfung

Der älteste Firmling wird nun mit verbundenen Augen in Richtung Weg gestellt. Hinter ihm steht sein Pate und legt die Hand auf seine Schulter. Hinter dem Paten stehen zwei weitere Paten und legen die Hände auf die Schulter des Paten und dahinter stehen vier Männer. Die restlichen Männer und die anderen Firmlinge stehen abseits.

Der Pate sagt zum Firmling:
»Lieber NN, ich bin dein Pate, dein Mentor und Begleiter. Meine Kraft ist mit dir!«
Dann sprechen die beiden Männer:
»Lieber NN, wir sind die Stellvertreter deiner Großväter. Unsere Kraft ist mit dir!«
Dann die vier Männer:
»Lieber NN, wir sind die Stellvertreter deiner Urgroßväter. Wir stehen für alle deine Ahnen und für alle Männer guten Willens. Ihre und unsere Kraft ist mit dir!«

Nach dieser Kraftübertragung folgt die Prüfung. Der Firmling wird an das Ende eines Seiles geführt und erhält den Auftrag: »Folge diesem Seil! Es ist nicht entscheidend, ob du das Ende des Seils erreichst oder nicht, entscheidend ist, dass du diese Prüfung annimmst!«

Die Firmlinge dürfen lachen, weinen, beten,

schimpfen – und wenn sie nicht mehr weiter wissen, einen Leiter um Rat bitten, ihn rufen. Die drei Leiter sind stets in der Nähe des Seilkurses. Sie geben den Paten auch das Zeichen für den nächsten Firmling, dem ebenso die Kraft des Paten und der Ahnen zuteil wird.

Was die Jungen nicht wissen sollten ist, dass dieses Seil am Vormittag von den Leitern über 150 Meter kreuz und quer durch den Wald gespannt wurde. Brombeeren und Brennnesseln werden zwar entfernt, doch sollte das Seil durch Engpässe (zwei Bäume) hindurchführen. Das Seil endet, nachdem die Firmlinge durch einen engen Wurzelstock (Geburtskanal) hindurchgekrochen sind.

Der Firmling setzt sich nun, noch immer mit verbundenen Augen und schweigend, etwas abseits ins Laub. Nach und nach kommen alle Firmlinge hinzu. Inzwischen gehen die Paten zurück ins »Dorf« und entzünden das Feuer lichterloh.

Ein Leiter erlöst die Firmlinge aus ihrer »Blindheit« und geht mit ihnen ins Dorf. Dort werden sie von den Paten euphorisch, nach »Art der Hunde« , begrüßt.

Im Zelt/ in der Hütte wird nun der vierte Teil erzählt:

Das Märchen 4. Teil

D̃er König sprach zu seiner Tochter: »Ich will ein großes Fest ansagen lassen, das drei Tage währen soll, und du sollst einen goldenen Apfel werfen. Vielleicht kommt der Unbekannte herbei.« Als das Fest verkündigt war, ging der Jüngling hinaus zu dem Wald und rief den Eisenhans. »Was verlangst du?«, fragte er. »Dass ich den goldenen Apfel der Königstochter fange.« »Es ist so gut, als hättest du ihn schon«, sagte Eisenhans. »Du sollst auch eine rote Rüstung dazu haben und auf einem stolzen Fuchs reiten.« Als der Tag kam, sprengte der Jüngling heran, stellte sich unter die Ritter und ward von niemandem erkannt. Die Königstochter trat hervor und warf den Rittern einen goldenen Apfel zu, aber keiner fing ihn als er allein, aber sobald er ihn hatte, jagte er davon. Am zweiten Tag hatte ihn Eisenhans als weißen Ritter ausgerüstet und ihm einen Schimmel gegeben. Abermals fing er den Apfel, verweilte aber keinen Augenblick, sondern jagte damit fort. Der König ward bös und sprach: »Das ist nicht erlaubt, er muss vor mir erscheinen und seinen Namen nennen.« Er gab den Befehl, wenn der Ritter, der den Apfel gefangen habe, sich wieder davonmachte, so sollte man ihm nachsetzen, und wenn er nicht gutwillig zurückkehrte, auf ihn hauen und stechen. Am dritten Tag erhielt er vom Eisenhans eine schwarze Rüstung und einen Rappen und fing den Apfel auch wieder. Als er aber damit fortjagte, verfolgten ihn die Leute des Königs, und einer kam ihm so nahe, das er ihm mit der Spitze des Schwerts das Bein verwundete. Er entkam ihnen jedoch, aber sein Pferd sprang so gewaltig, dass der Helm ihm vom Kopf fiel, und sie konnten sehen, dass er goldene Haare hatte. Sie ritten zurück und meldeten dem König alles.

Die goldenen Äpfel

»Der Apfel ist mit Unsterblichkeit verknüpft, und wir wissen, dass man jungen Männern, die auf dem griechischen Fest zu Ehren des Adonis geopfert werden sollten, einen goldenen Apfel als eine Art Passierschein ins Paradies gab.«[46] Nach dem Krieg reiten die Ritter in einer heiligen Prozession an der Loge des Königs und seiner Tochter vorbei und hoffen auf ihr Glück. Die jungen Männer tragen Waffen, doch nicht zum Kampf, sondern um ihre Schönheit zur Schau zu stellen. Durch diese anmutige Vorführung wird die Prinzessin bewegt, genau im richtigen Moment den Apfel zu werfen. Die Königstochter wählt unseren Jüngling dazu aus, ein unsterblicher, ein heiliger König zu sein.

Der Fuchs, der Schimmel und der Rappe

Die Königin in »Schneewittchen« saß eines Tages an einem Fenster aus Ebenholz und nähte. Draußen schneite es. Sie stach sich in den Finger und drei Blutstropfen fielen in den Schnee. Da dachte sie bei sich: »Hätt ich ein Kind so weiß wie Schnee, so rot wie Blut und so schwarz wie das Holz an dem Rahmen.«[47] In den verschiedensten Kulturen tauchen sowohl in Frauen- als auch in Männermärchen des öfteren diese drei Farben auf. Jutta Voss erklärt die drei Farben der Göttin »Schwarz – Weiß – Rot« mit der Dreiteilung der Mondphasen und der Dreiteilung des uterinen Zyklus' der Frau und gibt in ihrem Buch »Schwarzmondtabu« zahlreiche stichhaltige Erklärungen.[48]

Die Anordnung Schneewittchens: weiß, rot, schwarz beschreibt Barbara Walker in »Die weise Alte«. Weiß steht für die Jungfrau, rot für die

Mutterschaft und schwarz für die weise Alte. »Man könnte sagen, dass jeder von uns zunächst Unschuld erfährt, dann Liebe und Krieg, dann Tod, Zerstörung und Klugheit.«[49]

Die männliche Reihenfolge verläuft hingegen: rot, weiß, schwarz. Der Junge fängt mit rot, der Farbe des Mars' an. »Die alten Männerinitiationen bei den afrikanischen Gisu und Massai«, schreibt Bly, »führen die jungen Männer direkt zum Rot hin: Sie werden ermuntert, aufzubrausen, zu kämpfen, rot zu sehen, in Streit zu geraten; und emotional werden sie dazu ermuntert, ihren Stolz auszudrücken, arrogant zu sein, unsozial, streitsüchtig und zu ihrem Zorn zu stehen.«[50]

Eltern und Lehrer wünschen sich oft, ihre Jungen würden die rote Phase überspringen und versuchen, sie von der Kindheit gleich zum Weißen Ritter zu bringen. Der Weiße Ritter ist nicht mehr willkürlich unsozial, sondern er engagiert sich für das Gute: Familie, Beruf, Gerechtigkeit. Er kämpft, wie der heilige Georg, der oft mit weißer Rüstung auf einem Schimmel dargestellt wird, gegen den Drachen. Der Weiße Ritter führt seine Arbeiten präzise und geschickt aus, er ist ein Meister auf seinem Gebiet. Doch wehe er hat die rote Phase nicht durchlebt. Dann führt er in seinem Gerechtigkeitswahn den kalten Krieg und projiziert das schlechte Rot in die roten Kommunisten, die roten Indianer oder die rothaarigen Frauen. »Häufig sind Geistliche nahezu zwanghaft auf Weiß beschränkt, weil sie die rote Phase übersprungen haben und die Kirche es ihnen nicht erlaubt, dass sie dorthin zurückkehren. Doch dann können sie nicht weitergehen und das schwarze Stadium erreichen. Wenn ein Mensch sich der schwarzen Phase nähert, so werden im Laufe dieses Prozesses all die dunklen Schatten, die jahrelang nach außen in die Gesichter von schlechten Männern und Frauen, von Kommunisten, Hexen und Tyrannen projiziert wurden, wieder zurück nach innen geholt. Man könnte diesen Prozess als das Wiederfinden und Aufzehren der Schatten bezeichnen.«[51]

Wenn ein Mann (homo) seinen Schatten aufzehrt, wird er demütig, humil. Die Geschichte des Eisenhans lehrt uns, dass sich der junge Mann von einem roten, intensiven Leben über ein weißes, engagiertes Leben zum schwarzen, demütigen Leben hin bewegt. Es geht nicht darum, ein Pferd höher zu schätzen als das andere. Wir sollten keines auslassen, darauf kommt es an, denn jeder Ritter – rot, weiß, schwarz – erhält einen goldenen Apfel.

Die Verletzung durch die Männer des Königs

Der Junge wird am Bein verletzt. Auch im Märchen »Das Wasser des Lebens« wird dem Helden von einem zufallenden Tor ein Teil der Ferse abgehackt. Der griechische Gott Hephaistos hinkte, Jakob hinkte nach seinem Kampf mit Gott, und einer alten Überlieferung zufolge hinkte auch Jesus.

In Griechenland gab es den Adoniskult. Die Mutter Erde galt damals als weiblich, doch die gesamte Vegetation – Blumen, Gras, Weizen, Trauben, Gemüse – galt als männlich. Adonis, der Junge, der verwundet werden würde, war der Liebhaber und gleichzeitig der Sohn der Großen Mutter. In der Maske eines Ebers fügte die Priesterin oder der Priester mit der Erntesichel dem Jüngling am Bauch oder den Genitalien die rituelle Wunde zu, sodass er verblutete. »Es hat außerdem den Anschein, dass der Junge vor dem Ritual einen goldenen Apfel in die Hand bekam, damit er Einlass in das Paradies des Westens finden würde.«[52]

Als Odysseus in seiner Jugend mit seinem Großvater auf der Jagd war, wurde er von einem Eber am Schenkel verletzt. Die Römer nahmen dieses Detail so wichtig, dass sie Odysseus mit »Ulixes« – »oulas«, die Wunde, und »ischea«, der Schenkel – also »Schenkelwunde« übersetzten. Lame Deer (Lahmer Hirsch) erzählt in seiner Autobiografie: »Wenn du stirbst, begegnest du der Alten Hexe, und sie isst deine Narben. Wenn du keine Narben hast, isst sie deine Augäpfel und du wirst in der anderen Welt blind sein.«[53]

Dionysos wurde aus dem Schenkel des Zeus geboren. Zeus schnitt sich, nachdem er versehentlich seine schwangere Geliebte Semele mit einem Blitz tötete, eine Öffnung in den Schenkel, legte das ungeborene Kind hinein und verschloss die Wunde. »Als der Tag der Geburt kam, schnitt der Vater die Nähte auf und brachte seinen Sohn Dionysos ans Tageslicht, der auch Feuergeborener, Schenkelgenährter und Zweimal-Geborener genannt wurde.«[54]

Die Wunde des Mannes wird somit zum weiblichen Schoß, zu einem Ort, an dem Neues entstehen kann. James Hillman sagt im »Zauberberg« über einen Tuberkulosekranken: »Durch das kleine Loch seiner Wunde dringt das gewaltige Reich des Geistes ein.«[55]

Im Johannesevangelium heißt es nach der Kreuzigung: »Sie werden auf den blicken, den sie durchbohrt haben« (Joh 19,37). »Ohne eine Wunde, die den innersten Kern trifft, wird niemand wirklich erwachsen. Und ohne diese Wunde wird der Junge in unserer Geschichte nicht König«.[56]

Das Ritual: Die Heilung

In der Nacht des Feuers zitiert der Leiter Lame Deer: »Wenn du stirbst, begegnest du der Alten Hexe, und sie isst deine Narben. Wenn du keine

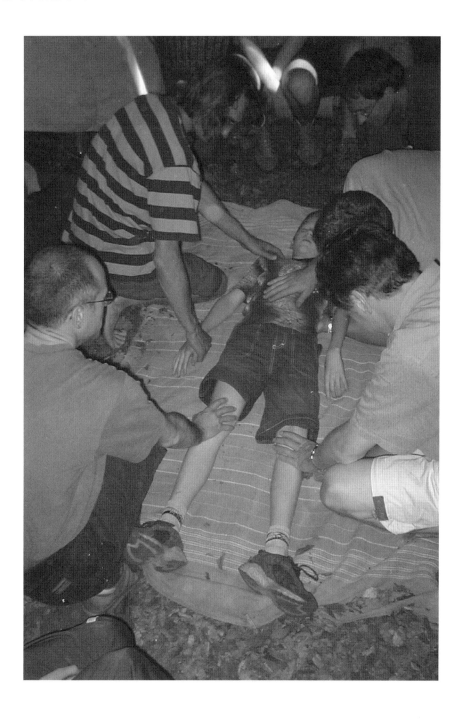

Narben hast, isst sie deine Augäpfel und du wirst in der anderen Welt blind sein.«

Nun ordnen sich die Männer dem Alter nach. Der älteste Mann sitzt links vom Zeltausgang, links daneben sein Firmling, dann der Zweitälteste links davon und sein Firmling daneben und so weiter im Uhrzeigersinn, bis der jüngste Pate mit seinem Firmling rechts vom Zeltausgang Platz nimmt.

Die zwei, drei Leiter beginnen nun von ihren körperlichen und seelischen Wunden zu erzählen. Dann erzählt der älteste Mann von seinen Wunden und Narben, dann der Zweitälteste und so weiter.

Nach dem jüngsten Paten kommt der Firmling des ältesten Paten, erzählt von seinen seelischen und körperlichen Wunden und legt sich in die Mitte auf ein Tuch. Drei Männer gehen zu ihm und legen ihm ihre heilenden Hände auf die genannten Wunden. Dann kehrt er an seinen Platz zurück und der nächste Firmling macht es ihm nach.

Nach dieser intensiven Heilungszeremonie, die bei etwa 20 Männern auch gute zwei Stunden dauern kann, kommen wir zum Abschluss unserer Geschichte:

Das Märchen 5. Teil

Am anderen Tag fragte die Königstochter den Gärtner nach seinem Jungen. »Er arbeitet im Garten; der wunderliche Kauz ist auch bei dem Fest gewesen und erst gestern Abend wiedergekommen; er hat auch meinen Kindern drei goldene Äpfel gezeigt, die er gewonnen hat.« Der König ließ ihn zu sich bringen, und er erschien und hatte wieder sein Hütchen auf dem Kopf. Aber die Königstochter ging auf ihn zu und nahm es ihm ab, und da fielen seine goldenen Haare über die Schultern, und er war so schön, dass alle erstaunten. »Bist du der Ritter gewesen, der jeden Tag zu dem Fest gekommen ist, immer in einer anderen Farbe, und der die drei goldenen Äpfel gefangen hat?«, fragte der König. »Ja«, antwortete er, » da sind die Äpfel«, und holte sie aus seiner Tasche und reichte sie dem König. »Wenn ihr noch mehr Beweise verlangt, so könnt Ihr die Wunde sehen, die mir eure Leute geschlagen haben, als sie mich verfolgten. Aber ich bin auch der Ritter, der euch zum Sieg über die Feinde geholfen hat.« »Wenn du solche Taten verrichten kannst, dann bist du kein Gärtnerjunge; sag mir, wer ist dein Vater?« »Mein Vater ist ein mächtiger König, und Goldes habe ich die Fülle und soviel ich nur verlange.« »Ich sehe wohl«, sprach der König, »ich bin dir Dank schuldig, kann ich dir etwas zu Gefallen tun?« »Ja«, antwortete er, »das könnt ihr wohl, gebt mir eure Tochter zur Frau.« Da lachte die Jungfrau und sprach: »Der macht keine Umstände, aber ich habe schon an seinen goldenen Haaren gesehen, dass er kein Gärtnerjunge ist«, ging dann hin und küsste ihn. Zu der Vermählung kam sein Vater und seine Mutter und waren in großer Freude, denn sie hatten schon alle Hoffnung aufgegeben, ihren Sohn wiederzusehen. Und als sie an der Hochzeitstafel saßen, da schwieg auf einmal die Musik, die Türen gingen auf, und ein stolzer König trat herein mit großem Gefolge. Er ging auf den Jüngling zu, umarmte ihn und sprach: »Ich bin der Eisenhans und war in einen wilden Mann verwünscht, aber du hast mich erlöst. Alle Schätze, die ich besitze, die sollen dein Eigentum sein.«

Zweite Begegnung mit dem König

Der junge Mann ist stets dem Grundsatz gefolgt: »Verbirg dein Gold, solange du jung bist«. Als er vom König gerufen wird, weiß er, dass die Zeit der goldenen Haare gekommen ist. »Märchen erzählen uns, dass wir alle bei der Geburt gewisse goldene Ringe oder Spindeln oder ruhmvolle Erinnerungen bei uns tragen, die uns versichern, dass wir eine transzendente oder großartige Seite haben«, schreibt Robert Bly und meint weiter, dass wir in der Kindheit und als junge Erwachsene diese »goldenen Gedanken« verlieren. »Die Krone ist weggelegt, in einer Truhe verschlossen, im Keller verloren, von Dieben gestohlen, fort. Doch während der ganzen Zeit wird, wenn wir Glück haben, die Brücke wieder aufgebaut ... »Mit fünfzig oder fünfundfünfzig spüren wir wieder einen goldenen Ring am Finger.«[57]

Dem König aufrecht gegenübertreten, ihm wahrhaft ins Angesicht schauen, können wir erst, wenn wir unserer eigenen königlichen Würde bewusst sind und diese auch leben.

Die Heilige Hochzeit

Endlich finden das Männliche und das Weibliche zusammen. Sogar der natürliche Vater und die natürliche Mutter sind anwesend. »Eine Verbindung mit dem Weiblichen ist jetzt richtig. Die Reise des jungen Mannes auf einem ausschließlich männlichen Weg ist nun zu Ende. Der wilde Mann, ein Gott der Natur, hat die Initiation des jungen Mannes geleitet«.[58] Nun geht unser Held eine Partnerschaft mit dem Weiblichen ein. Dies ist ein Fest, eine Hoch-Zeit.

Der erlöste Heiler

Das Hochzeitsfest erlebt noch ein seltsames Ereignis: das Erscheinen des »König Eisenhans«. Während der junge Mann langsam abgestiegen ist, war der wilde Mann Stufe um Stufe aufgestiegen. Wie in vielen anderen Märchen auch, rettet der Held zu Beginn das »Niedere«. Dies erweist sich im Laufe der Geschichte heilsam und lebensfördernd; das verborgene Dunkel wird zu einer leuchtenden Macht. Bly meint dazu und das ist die eigentliche Schlussaussage der Geschichte: »Als Männer und Frauen haben wir demnach nicht nur die Aufgabe, uns aus den familiären Käfigen und den Mustern des kollektiven Denkens zu befreien, sondern auch transzendente Wesen aus Gefangenschaft und Trance zu erlösen.«[59]

Das Ritual: Das Fest der Hoch-Zeit

In der Nacht des Feuers feiern wir nun selbst Hoch-Zeit, ein Fest unter Männern. Grillen, am besten Spareribs, Kotelett oder sonst eine »urige« Speise. Wer will, sitzt am Feuer, geht schlafen, singt, macht Musik oder redet bis in den Morgen. Das Feuer brennt die ganze Nacht.

Reflexion und Ausklang

Am Sonntag um 8.00 Uhr gibt es zuerst ein reichhaltiges Frühstück. Nach den intensiven Erlebnissen des Vortages und der Nacht ist es wichtig, sich auf die »Welt draußen« wieder einzustimmen. Pate und Firmling sollen sich hierbei gegenseitig Hilfe sein. So beginnen wir mit der Reflexion um 9.00 Uhr.

Visionssuche – Steinkreis – Brief des Herzens

Die Paten erhalten die Anweisung, irgendwo in sichtbarem (!) Gelände einen Medizinkreis, einen Kreis aus Steinen, Ästen und anderen Naturmaterialien mit etwa eineinhalb Metern Durchmesser zu bilden. Dort setzen sie ihren Firmling hinein mit den Worten: »Setz dich und lass die vergangene Nacht in dir setzen. Bleibe im Kreis, bis ich wiederkomme!« Dann setzen sich die Paten in einen Mentorenkreis und reden über die Erlebnisse der vergangenen Nacht. Ihre Firmlinge bleiben dabei im Blickfeld. Die Firmlinge sollen ca. eine Stunde in ihrem Steinkreis, ohne irgendein Buch, einen Stift oder Papier verharren. Die Firmlinge sollten sich dabei gegenseitig nicht sehen.

Nach einer Stunde geht der Mentor zum Firmling und bringt ihm einen Stift und rotes Pa-

pier. Der Firmling soll nun einen Brief an seine Eltern schreiben und von seinen Erlebnissen erzählen. Ehrliche Gefühle, Ängste, Sehnsüchte, Erfahrungen und Erkenntnisse sollen persönlich formuliert und auf den Punkt gebracht werden. Ein wichtiger Satz beginnt mit: »Ich habe gelernt, ...« und »Eine wesentliche Aufgabe in meinem Leben ist ...«

Diesen Brief kann der Firmling für sich persönlich schreiben, ihn nachher aufbewahren oder verbrennen, er kann ihn als Gedankenstütze für ein intensives Gespräch mit den Eltern nutzen, zu Hause abgeben oder auch vorlesen.

Die Paten schreiben ebenfalls einen Brief an ihre Partnerin oder an die Eltern des Firmlings oder an einen Menschen, den sie gerne mögen und mit dem sie gut reden können.

Dieses Briefeschreiben tut gut. Es ermöglicht zum einen, das Erlebte nochmals zu überdenken und so zu integrieren und zum anderen ist es eine gute Vorbereitung auf die Rückkehr nach Hause.

Diese Reflexion gehört ganz wesentlich zum vollständigen Kreislauf des Übergangsrituals. Was in der Nacht im Bauch erlebt wurde, muss nochmals im Kopf verarbeitet werden.

Feierlicher Abschluss und Segnung

Zum Abschluss feiern wir einen Wortgottesdienst:

Eröffnung

Lied

Wunsch- und Glückskette:

Auf einem Tuch in der Mitte werden dünne Lederriemen, Muscheln, Federn Holzkugeln und

ähnliches Material gelegt. Firmlinge und Paten erhalten nun den Auftrag, mit diesem Material oder mit Gegenständen, die sie in der Umgebung finden, sich gegenseitig eine Wunsch- und Glückskette zu basteln. Dabei sollen sie die Wünsche und Erwartungen an ihre Beziehung symbolisch zum Ausdruck bringen. Dafür sind 30 Minuten recht günstig.

Danach spazieren sie zu zweit durch den Wald, erläutern sich gegenseitig die Kette und somit ihre Wünsche für die Zukunft und hängen dann dem anderen die Kette feierlich um.

Lied: »Der Himmel geht über allen auf«

Fußwaschung

Wurde in der Nacht zuvor dem Firmling der Kopf gewaschen, so wäscht der Pate, als »Meister«, seinem Firmling schweigend die Füße mit Wasser, salbt sie mit Öl, und zieht ihm die Schu-

he wieder an. Bei Instrumentalmusik wird die Fußwaschung aus der Bibel (Joh 13) gelesen.

Nach dieser Waschung werden zwei Brote und ein Kelch mit Wein gesegnet. Gemeinsam singen wir das »Vaterunser«

Anschließend halten wir gemeinsam Mahl. Hier kann ruhig auch gesprochen werden.

Lied: »Herr, wir bitten komm und segne uns«

Segnung:

Der Pate segnet nun seinen Firmling mit Öl. Dabei spricht der Leiter jeweils einen Satz vor, der Pate spricht ihn nach und segnet dabei das entsprechende Sinnesorgan.

Pate:

Lieber NN.
Gott segne dich,
er erfülle deine Füße mit Tanz,

deine Arme mit Kraft,
deine Hände mit Zärtlichkeit,
deine Augen mit Lachen,
deine Ohren mit Musik,
deine Nase mit Wohlgeruch,
deinen Mund mit Jubel
und dein Herz mit Freude.
So segne dich der Herr.
(Hans-Karl Seeger[60])

Nun drehen sich alle wieder zurück in den Kreis. Der Leiter spendet den Segen:

Segnen heißt:
das Gold in uns,
das Wertvollste,
das Heilige, das in jedem Menschen schlummert,
aus der Tiefe der Seele heraufzuholen,
um es zum eigenen Wohle
und zum Wohle der Gemeinschaft
sichtbar und spürbar zu machen.

So segne uns Gott,
er bringe in uns hervor
unser Gold,
unser Wertvollstes,
unser Heiliges
zu unserem Wohle
und derer, die wir lieben.

Im Namen des Vaters,
des Sohnes
und des Heiligen Geistes.
Amen.

Abschließend wird das Zelt und der Zeltplatz gemeinsam aufgeräumt. Dann ist Mittagessen, Verabschiedung und Abfahrt.

Die Leiter der Nacht gehen dann den gesamten Raum des Rituals ab und verabschieden sich innerlich oder im Zwiegespräch vom ganzen Raum und von den einzelnen Orten. Vielleicht gibt es bestimmte Stellen, an denen einer oder beide Leiter besonders dankbar für ein Ereignis der Vornacht sind.

Damit reinigen sie nicht nur den Ort des Geschehens und geben ihn somit wieder frei, sondern sie reinigen damit auch sich selbst und können wieder frei zu ihren Familien heimkehren.

Varianten zur Nacht des Feuers

Für die Nacht des Feuers eignet sich am besten die freie Natur. Wer keinen Zugang zu einem Bildungshaus in der freien Natur hat und auf einen Pfarrhof, ein Bildungshaus in der Großstadt angewiesen ist, kann die Mutprobe, den Seilkurs, zum Beispiel zwischen Bänken und Stühlen durchführen. Vielleicht ist es auch möglich, mit den Firmlingen in den Keller zu gehen und das Seil durch Kellerregale und unter Heizungsrohre zu spannen. An Stelle des Feuers genügen vielleicht mehrere große Kerzen in der Mitte.

Ein Feuer in der freien Natur ist allerdings in jedem Fall zu bevorzugen, denn Feuer und Wald sind für Männer von elementarer Kraft und vermitteln Atmosphäre ohne großen Aufwand. Es ist auf die örtlichen Gegebenheiten zu achten und das Ritual kann dementsprechend abgewandelt werden.

Die Nacht des Feuers und das Wasser des Lebens

Wenn Ihre Pfarrei nur 20 km vom Meer, einem großen See oder Fluss entfernt liegt und es zum nächsten großen Wald vielleicht hundert und mehr Kilometer sind, dann empfehlen wir, die Nacht des Feuers an einer entlegenen Bucht abzuhalten. Statt Eisenhans würden wir dann das Männermärchen der Gebrüder Grimm: »Das Wasser des Lebens« oder ein anderes erzählen. Der Brei der Paten besteht dann vielleicht aus Schlamm von Sand und Meerwasser, die Kopfwäsche geschieht im Meer, im See oder Fluss und der Seilkurs führt durch Büsche und unter Strandgut hindurch.

Ein Feuer in der Bucht unter sternenklarem Himmel kann ein eindrückliches Erlebnis werden. Eine Kanu- oder Kajakfahrt von Firmling und Pate kann zusätzlich vertrauenstiftend sein.

Ihrer Kreativität sind keine Grenzen gesetzt und die Umsetzung ist entsprechend der jeweiligen geographischen und soziologischen Situation beliebig variabel. Rituale sind ja ihrem Wesen nach eine gemeinschaftliche Aktivität, ein schöpferischer Prozess. Und, wie Malidoma Some sagt, besitzen wir allein aufgrund der Tatsache, ein Mensch zu sein, schon die Autorität selbstständig Rituale zu erfinden.[61]

»Vasalisa – Mutige Mädchen, weise Frauen«

Wochenende für junge Mädchen und Frauen

Mädchen und junge Frauen wollen ihren je eigenen Weg gehen und spüren eine Ursehnsucht nach Entfaltung ihres Selbst und ihrer eigenen Kräfte. Der Zugang zur Intuition ist eine kostbare Gabe, die uns Frauen bei der Orientierungssuche wie ein innerer Kompass sagt, welche Richtung wir einschlagen sollen. Erwachsene Begleiterinnen können das Heranwachsen zur weisen Frau wesentlich unterstützen.

Anhand des russischen Märchens »Vasalisa, die Weise« laden wir ein, gemeinsam mit Vasalisa ihre Geschichte durchzugehen und einige Aufgaben in freier Natur zu erfüllen, wie beispielsweise:

- Abschied nehmen vom alten Nest,
- für sich selbst sorgen,
- einen Schritt in das ungewisse Dickicht wagen,
- den eigenen Gefühlen folgen.

Dieser Weg mündet in ein buntes Frauen-Fest. Mit allen Sinnen und mit viel kreativem Schaffen feiern wir unser Erlebtes und Erfühltes des Tages und unser Vertrauen in unsere intuitive Weisheit.

Organisationsform:

Wochenende von Samstag 14.00 Uhr bis Sonntagmittag.

Gruppe:

Mindestens zehn Mädchen mit ihrer Firmpatin, Mutter oder erwachsenen Freundin und zwei Leiterinnen.

Von Vorteil ist es, wenn die Mädchen ein Alter erreicht haben, in dem sie bereits ihre erste Blutung erlebten.

Raum:

Ein Bildungshaus mit einem großen Raum und Übernachtungsmöglichkeit. Ein Wald mit der Möglichkeit, Feuer zu machen.

Ablauf:

Samstag:

14.00 Uhr: Beginn und Begrüßung
15.00 Uhr: 1. Abschnitt des Märchenerzählens. Übergabe der Puppe
18.30 Uhr: Abendessen
20.00 Uhr: 2. Abschnitt des Märchens in freier Natur erzählen
Einweihungsritual
3. Abschnitt des Märchens im Wald erzählen
Ende ca. 23.00 Uhr

Sonntag:
 9.00 Uhr: Reflexion
11.00 Uhr: Wortgottesdienst
12.00 Uhr: Mittagessen & Abschied

Material:

Samstag:
Kopie des Märchens für jede Teilnehmerin
Stoff für die Puppen
Schere, Nadeln und Zwirn, Schafwolle
Wasserfarben, Pinsel
Rote Augenbinden
Waschschüssel, Seife, Stoff zum Waschen
Straßenbesen
Hefeteig in einer Schüssel
Weizen, Mohnsamen, Erde
Große Tücher: weiß, rot, schwarz
Teelichter für jeden Firmling
Lange, dünne Kerze zum Anzünden
Schwarze Papierstreifen
Trommeln

Sonntag:
Lederbänder
Verschiedene Perlen, Kugeln, Federn usw.
Schreibstifte
Schreibpapier
Massageöl
Bibel

Zugang

Die Initiation zur Frau ist, wie bereits oben erwähnt, nicht geprägt von blutigen Verletzungen, schwierigen Mutproben oder Reifeprüfungen. Ein Mädchen wird durch die Natur zur Frau.

Das Frau-Werden ist dennoch keineswegs so einfach, wie es klingt. Enorme körperliche und hormonelle Veränderungen, innere Zerrissenheit und ständige Konflikte mit der Umgebung gehören zum Alltag. Irgendwann stellt jedes gesunde Mädchen fest, dass die eigene Mutter eine böse Hexe ist, die ihre Tochter in einen goldenen Käfig sperrt, wie das Märchen Jorinde und Joringel zeigt, und somit die Tochter an ihrem Wachstumsprozess, an ihrer Entwicklung behindert.

Diese Erkenntnis führt häufig dazu, dass die Tochter meint, sie wäre gar nicht die richtige Tochter, sondern ein Findelkind. Sie wünscht ihrer Mutter alle möglichen Krankheiten, ja sogar den Tod. Dies wiederum erzeugt in der »guten« Tochter ein schlechtes Gewissen.

Initiation, die Einweihung in die weibliche Intuition, will eine Bestärkung sein. Wenn die Mentorin sagt: »So, wie du bist, ist es richtig! Deine Gefühle, deine Wut, deine wilde, feurige, innere Stimme sind in Ordnung!«, dann ist dies eine heilsame und segensreiche Bestätigung von dem, was ist. Dies kann hilfreich sein, das gute Erbe vom schlechten zu trennen, den guten Weizen vom schlechten. Dadurch wird es dem Mädchen möglich, sich von den negativen Beeinflussungen zu lösen und alles Gute der Eltern dankbar anzunehmen. Gerade darum geht es in der Initiation und der Mentorenschaft. Die meisten Mädchen kennen die Wut, den Hass auf die Mutter und die Eltern. Schmerzhafte Konflikte zwischen den eigenen Wünschen und Interessen und den Zukunftsvorstellungen von Vater und Mutter. Jedes Mädchen weiß um das schlechte Gewissen, das dadurch entsteht.

Ein Mädchen, das durch den Lebensprozess des Erwachsenwerdens geht, wird so vom Leben selbst initiiert. Was meist fehlt, ist eine erwachsene Begleiterin, die bestätigt, dass es gut ist.

An diesem Wochenende wollen wir dem entgegenhalten. Erwachsene, starke und wilde Frauen geben an die jüngeren weiter: »So wie du bist, ist es gut!«, »Deine Gefühle sind in Ordnung!«, »Verlasse dich auf deine Art, die Wirklichkeit zu sehen!« Damit eröffnen sie der jungen Frau die Möglichkeit, ihrem inneren Feuer zu vertrauen und ihren ureigenen Weg zu gehen, der zwar beschwerlich ist, sich aber am Ende lohnt. Clarissa Pinkola Estés nennt in ihrem Buch »Die Wolfsfrau« neun Aufgaben, die ein Mädchen letztlich zur Frau machen. Wir haben das russische Märchen der Vasalisa in drei Teile geteilt und die neun Aufgaben in Rituale gefasst. So wird diese Initiation durch die segensreiche Bestätigung der Mentorinnen zur vertrauensvollen Reise auf den je eigenen Weg, einer Reise der ureigenen Intuition, einer Reise zum Feuer in mir.

Um 14.00 Uhr beginnen wir mit einem kurzen Spiel zum gegenseitigen Kennenlernen. Dann folgt ein Tanz und um 15.00 Uhr beginnen wir mit dem Erzählen des ersten Teils des Märchens:

Vasalisa, die Weise

Es war einmal und war auch nicht ein junge Mutter und Ehefrau, die mit wachsbleichem Gesicht auf ihrem Sterbebett lag. Ihr Mann und ihre kleine Tochter knieten am Fußende des Bettes und beteten, dass Gott sie heil in die Welt der seligen Geister hinübergeleiten möge.

Alsbald rief die Mutter ihre kleine Tochter zu sich, um Abschied von ihr zu nehmen, und das Mädchen, das den schönen Namen Vasalisa trug, kniete an der Seite des Bettes nieder, um die letzten Worte ihrer Mutter zu vernehmen.

»Hier, nimm diese Puppe an dich und behalte sie immer bei dir«, flüsterte die Mutter und zog unter ihrer härenen Decke ein kleines Püppchen hervor, das genau wie ihre Tochter aussah und genau wie sie gekleidet war, mit roten Stiefeln an den Füßen, einem schwarzen Rock, einer weißen Schürze darüber, und einer Weste, die über und über mit bunten Fäden bestickt war.

»Dies sind meine letzten Worte, mein Kind«, sprach die Mutter. »Höre mir gut zu. Wenn du Hilfe brauchst oder mal den Weg verlierst, dann frage diese Puppe um Rat. Behalte sie immer bei dir, aber erzähle niemandem von ihr. Füttere die Puppe, wenn sie hungrig ist, dann wird sie dir helfen. Dies ist mein Gelöbnis und mein Vermächtnis an dich.« Und damit sank der Atem der Mutter in die Tiefe ihres Herzens, sammelte sich in ihrer Seele, entwich aus ihrem Mund und sie starb.

Lange Zeit trauerten der Vater und das Kind. Lange, lange betrauerten sie den schmerzlichen Verlust der guten Mutter und Ehefrau. Aber irgendwann kam auch zu ihnen ein neuer Frühling und mit ihm neuer Lebensmut, und eines Tages verkündete der Vater, dass er sich mit einer Witwe, die selbst zwei Töchter mit in die Ehe brachte, vermählen würde. Und so geschah es.

Die Stiefmutter und die beiden Halbschwestern begegneten Vasalisa mit ausgesuchter Höflichkeit, aber schon bei der ersten Begegnung lag in ihrem Lächeln etwas Falsches, das dem Vater vollkommen entging, das er einfach nicht bemerken wollte oder konnte.

Kaum, dass die drei Frauen allein mit Vasalisa im Haus waren, quälten sie das Mädchen mit tausend Gehässigkeiten und trugen ihm die niedersten Arbeiten auf. Bald wurde Vasalisa im eigenen Elternhaus nur noch wie eine Dienstmagd behandelt, denn sie war ihrer Stiefmutter und ihren Stiefschwestern ein ewiger Dorn im Auge. Aber das lag daran, dass Vasalisa schön war, so lieblich und gut wie ein Wesen aus einer besseren Welt, während die drei anderen Frauen vor Neid und Missgunst bald immer hässlicher wurden. Doch Vasalisa ließ alle Demütigungen klaglos über sich ergehen. Willig tat sie alles, was ihr von den bösen Frauen aufgetragen wurde, und gehorchte jedem auch noch so boshaften Befehl.

So ging es eine ganze Weile, aber eines Tages konnten die drei Quälgeister selbst Vasalisas Anblick nicht mehr in Haus und Hof ertragen, und so sprach die böse Stiefmutter zu ihren Töchtern: »Wir wollen das Feuer ausgehen lassen und dann Vasalisa in den Wald schicken, damit sie die Hexe Baba Yaga um frische Kohlenglut für unseren Herd bittet. Wenn Baba Yaga das Mädchen sieht, wird sie es mit Haut und Haaren fressen, und damit sind wir Vasalisa endlich los!« Die Stiefschwestern klatschten in die Hände, quietschten vor Vergnügen über diesen Plan und willigten schadenfroh ein.

Als Vasalisa an jenem Abend vom Holzsammeln im Wald zurückkam, war alles dunkel im Haus. Besorgt fragte sie die Stiefmutter: »Was ist geschehen? Womit sollen wir nun die Finsternis erhellen, woran uns wärmen und wie sollen wir unser Abendessen kochen?«

»Du einfältiges Ding«, gab die Stiefmutter spitz zurück. »Siehst du nicht, dass das Feuer erloschen ist? Du musst sofort in den Wald gehen und die alte Baba Yaga suchen, um dir von ihr etwas Kohlenglut geben zu lassen. Ich kann nicht so weit laufen, weil ich zu alt dafür bin, und meine Töchter fürchten sich im Wald. Nun geh schon, und wage es nicht, ohne Kohlenglut zurückzukommen!«

Artig, wie sie war, gehorchte Vasalisa und ging noch in derselben Nacht in den großen, dunklen Wald. Aber sie wusste den Weg nicht, und das Dickicht des Waldes wurde immer dichter und immer undurchdringlicher, und das Knistern und Knacken zwischen den Bäumen wurde ihr allmählich immer unheimlicher, bis sie sich wirklich zu fürchten begann und einsah, dass sie ihren Weg niemals allein aus dem nächtlichen Wald herausfinden würde. So griff sie in die tiefe Tasche ihrer Schürze, wo sie die Puppe ihrer Mutter fühlen konnte, und dachte bei sich selbst: »Wenn ich meine Puppe nur berühren kann und weiß, dass sie bei mir ist, geht es mir schon ein wenig besser.«

Bei jedem Schritt, jeder Wendung nach links oder rechts, griff Vasalisa nun in ihre Schürzentasche und fragte ihre Puppe: »Soll ich mich hierhin oder dorthin wenden?« Die Puppe antwortete jedes Mal und wies ihr den Weg, und Vasalisa fütterte sie mit den Brotkrumen, die sie immer für die Puppe bereithielt. Immer wieder fragte Vasalisa, wie sie zu der alten Hexe Baba Yaga kommen sollte, und die treue Puppe antwortete ihr.

1. Aufgabe:
Die allzu gute
Mutter sterben lassen

Der Einweihungsprozess in diesem russischen Märchen beginnt damit, dass die gute, schützende und nährende Mutter stirbt und ihrer Tochter ein hoch begabtes Püppchen hinterlässt, das der Tochter bis in alle Einzelheiten gleicht und sich im Laufe der Geschichte als intuitive Ratgeberin zu erkennen gibt.

Mit dem Beginn der Pubertät kommt die Tochter in einen Lebensprozess, in dem sie erkennen muss, dass die allzu gute Mutter mit ihren Ängsten und ihrer Übervorsicht sie an ihrem eigenen Weg und den Herausforderungen des Lebens behindert. Die Tochter muss lernen, wachsam zu sein, für sich selbst zu sorgen und selbstständig zu werden. »Erst wenn die allzu gute, sorgsam behütende Mutter stirbt, wird eine Frau als starkes, eigenwilliges und eigenständi-

ges Geschöpf geboren.«[62] Die Tochter erhält in dieser manchmal sehr schwierigen Übergangsphase eine Überraschung, einen femininen Erbteil. Unter der Bettdecke, dem Ort stiller Hoffnungen und Träume, zieht die Mutter ein Ebenbild ihrer Tochter hervor und schenkt es ihr für den Weg zur Selbstwerdung. Dies deutet darauf hin, dass Mutter und Tochter in früherer Zeit eine sichere Bindung hatten, nach Verena Kast eine wesentliche Voraussetzung für die Entwicklung von Neugier und Interesse, der Fähigkeit, das Leben selbst in die Hand zu nehmen und den eigenen Weg zu gehen.[63] Wäre dem nicht so, würde vielleicht das Mädchen dieser besorgten Mutter in einer Haushaltungsschule für höhere wirtschaftliche Frauenberufe landen und ein risikoloses, allzu vorhersagbares und uninteressantes Leben führen.

Während in der Kindheit oder bei Krankheit die Nähe der schützenden Mutter ihre Berechtigung hat, ist in der Pubertät die Zeit der Mutterglucke vorbei. Die junge Frau muss die Wolfsmutter aufsuchen, alleine zur feurigen Frau im Wald gehen, um ihrer Ursehnsucht nach ständig zunehmender Entfaltung nachzukommen.

Doch bevor wir uns auf den Weg zur wilden Frau und ihrem verborgenen Wohnsitz machen, gilt es, die zweite der neun Aufgaben zu erfüllen.

2. Aufgabe:
Den Schatten entlarven

Vasalisa wird von den neuen Familienmitgliedern, der »bösen Dreifaltigkeit der Stieffamilie« (Pinkola Estés), gedemütigt und wie eine Ausgestoßene behandelt. Diese drei repräsentieren die Schattenseiten der Psyche, die das Ego am liebsten verleugnet und aus dem normalen Bewusstsein verbannt. »In dieser Phase der Einweihung muss die Frau sich mit den Stimmen in ihrer Psyche auseinander setzen, die sie ständig auffordern, sich anzupassen und alles zu tun, was irgendjemand von ihr verlangt.«[64] Julia Onken beschreibt in ihrem Buch »Vatertöchter«, dass Mädchen und Frauen oft nur drei Wege bleiben, um vom Vater anerkannt und geliebt zu werden. So müssen Mädchen entweder besonders schön sein oder Erfolg durch außergewöhnliche Leistung vollbringen oder aber sie erhalten Beachtung durch den Vater, indem sie trotzig reagieren.[65]

So ist der naive und vielleicht auch allzu gute Vater in unserer Geschichte keine Hilfe und kein Schutz für Vasalisa. Sie hat aber den tiefsten Kontakt zu ihrem wahren Selbst, was sich – wie häufig in den Märchen – auch darin ausdrückt, dass sie die positivsten Eigenschaften und die größte äußerliche Schönheit an den Tag legt. Dies führt sie im Laufe der Ereignisse zu der Erkenntnis: »Wenn ich schlicht und einfach ich selbst bin, werde ich von vielen abgelehnt und ausgestoßen, aber wenn ich mich willig anpasse, lehne ich mich selbst ab und stoße mich selbst aus meiner Mitte.«[66]

Auch wenn die anderen befremdet reagieren, wenn sich eine Frau treu ist, muss sie diesen konfliktreichen Weg gehen. Durch diese äußere und innere Spannung wird das Unwesentliche vom Wesentlichen getrennt. Die Mentorin, die »mit dem Herzen sieht« (Saint-Exupéry), die das Mädchen mit der »Schaukraft der Liebe« (Montessori) betrachtet, kann dieses Wesentliche, diese dem Mädchen innewohnende Urkraft, bereits erkennen.

Nicht jedoch die Stieffamilie. Auf dem Höhepunkt des Konflikts, plant sie das Mordkomplott, denn der schönen, fügsamen Vasalisa ist durch Demütigung allein nicht beizukommen. Das Feuer, die Vitalität von Vasalisa wird ausgelöscht. So wird sie, wie nahezu jedes Mädchen, gezwungen einzusehen, dass ihre alte Haltung falsch war. Dass sie hinauswandern muss in die Wildnis, um das Feuer zu finden, das sie erleuchtet, um eine neue Verhaltensform zu finden, die sie wahrhaft leben lässt.

3. Aufgabe:
Im Dunkeln navigieren

Treu dem mütterlichen Erbe geht Vasalisa zur wilden Frau, zur Feuerfrau. Dabei muss sie die eigenen Ängste überwinden und sich in den dunklen Wald ihrer Psyche begeben. Die einzige Orientierung ist die eigene Intuition und so folgt sie den Weisungen der Puppe durch das Dickicht zum Wohnsitz der wilden Mutter.

Vasalisa muss auch lernen, ihre Puppe zu füttern, also ihre Intuition zu stärken. Womit nährt man die Intuition? Mit Aufmerksamkeit. Durch bewusste Hinwendung, denn ohne ausreichende Bestätigung verkümmert diese wundersame Puppe. So lernt das Mädchen, ihr Kraftzentrum von der fremdbestimmten Anerkennung auf ihre eigene Intuition zu verlagern. »Eine Mutter kann ihrem Kind kaum ein größeres Geschenk machen, als ihm das Gefühl zu vermitteln, dass es sich auf seine Intuition verlassen kann ... Anstatt direkte, spontane Eingebung als unvernünftige Hirngespinste abzutun, wird das Kind darauf hingewiesen, dass seine Intuition die Stimme seiner Seele ist und dass diese Stimme zu ihm und aus ihm spricht.«[67]

Dem Rat der Mutter folgend, trägt Vasalisa die Puppe immer bei sich. Mit ihr unter der Schürze wagt sie sich auf die Suche nach dem Kohlenfeuer, das ihr inneres Feuer neu entfachen soll. Sie füttert die Puppe mit den Brotkrumen ihrer ungeteilten Aufmerksamkeit, denn die Intuition kennt den Weg zu Baba Yaga, zur wilden Frau. »Das ist es, was eine reife Frau den Jüngeren, die nach ihr kommen, auf den Weg mitgeben muss: die Empfänglichkeit für das, was man fühlt, aber nicht sehen kann.«[68]

Das Ritual

Puppenübergabe:

Im Innenkreis wird Material bereitgestellt. Die Mentorinnen basteln mit wenigen Handgriffen ein kleine Puppe und übergeben diese an ihre Mädchen mit den Worten:

»Hier, nimm diese Puppe an dich und behalte sie immer bei dir. Wenn du Hilfe brauchst oder mal den Weg verlierst, dann frage diese Puppe um Rat. Behalte sie immer bei dir, aber erzähle niemandem von ihr. Füttere die Puppe, wenn sie hungrig ist, dann wird sie dir helfen. Dies ist mein Gelöbnis und mein Vermächtnis an dich.«

Ich kann abgelehnt werden, wenn ich schlicht und einfach ich selbst bin, aber wenn ich mich willig anpasse, lehne ich mich selbst ab und stoße mich selbst aus meiner Mitte.

Einzelarbeit:

Was habe ich von meiner Mutter an Gutem mitbekommen?

Wie habe ich mich von meiner Mutter gelöst? Welche Stieffamilienerfahrungen habe ich gemacht?
Welchen Leitfiguren, Erwartungen, Leistungen, Erstrebungen bin ich gefolgt?
Die Puppe kann nun mit Farben und Material geschmückt werden.

Zweiergespräch:

Mädchen und Mentorinnen gehen in den Wald hinaus. Das Mädchen – oder besser: die Puppe – geht voran und führt den Weg an durch das Dickicht. Die Mentorin folgt ihr.

Sie sollen sich kreuz und quer durch den Wald bewegen, keinen Weg benutzen und einen Ort finden, wo sie sich ihre Erfahrungen mit der Mutter gegenseitig erzählen.

17.00 Uhr: Treffen in der Großgruppe

Die Puppen vor sich in den Kreis legen.
Mädchen und Mentorinnen erzählen von ihren Erfahrungen.
Ein Lied am Ende oder zwischen den Erzählungen.

18.30 Uhr: Abendessen

Nach dem Abendessen wird der zweite Abschnitt des Märchens im Freien erzählt. Der Seminarraum wurde in der Zwischenzeit für das folgende Ritual vorbereitet.

Das Märchen: 2. Teil

So verging Stund um Stund, bis ein weiß gekleideter Reiter auf einem weißen Hengst an Vasalisa vorüberpreschte und der Morgen graute. Ein Stück weiter auf ihrem Weg galoppierte ein rot gekleideter Reiter auf einem roten Pferd an ihr vorbei und die Sonne ging auf. Vasalisa ging weiter, immer weiter durch den Wald, bis sie am folgenden Abend endlich bei Baba Yagas Hütte angekommen war. Sie betrat schon den Vorhof zu dem alten Hexenhaus, als ein schwarzer Reiter auf einem pechschwarzen Pferd mitten durch das Haus von Baba Yaga jagte und hinten wieder herauskam. In dem Augenblick brach die Nacht über das Land herein.

Baba Yagas Hexenhaus war ein höchst merkwürdiges und gruseliges Gebäude. Schon der Zaun vor dem Haus bestand allein aus Gebeinen und aufgespießten Totenschädeln, die in der Dunkelheit nun wie von innen her zu glühen begannen und ein gespenstisches Licht verbreiteten. Aber noch verwunderlicher war Baba Yagas Wohnhaus selbst. Es stand auf vier gelben Hühnerbeinen, die hin und wieder zuckten und sich manchmal mit dem ganzen Überbau fortbewegten oder sogar, wenn ihnen der Sinn danach stand, in einem wilden Walzertanz im Kreis herumwirbelten.

Es dauerte nicht lange, da kam die Hexe daselbst durch die Lüfte gesaust, in einem fliegenden Hexenkessel, den sie mit ihrem Besen über den sternklaren Nachthimmel ruderte. Aus der Höhe blickte Yaga auf die arme Vasalisa herab, schwang drohend ihren Besen aus Knochen und Menschenhaaren und rief mit Donnerstimme: »Hoho, du Menschenkind! Was hast du hier zu suchen?«

Zitternd antwortete Vasalisa: »Großmutter, ich bin gekommen, um dich um Feuer für mich und meine Familie zu bitten. Mein Haus ist kalt und meine Angehörigen müssen sterben, wenn du mir nicht etwas Kohlenglut gibst.«

»Ja, ja, so geht es dir und deinesgleichen«, erwiderte Baba Yaga ingrimmig. Ihre Nase war wie ein Haken zu ihrem vorspringenden Kinn herabgebogen, aus dem ein spärlicher Ziegenbart spross. Eine dicke Warze saß auf der Wange der Alten, die nun schrie: »Du Nichtsnutz hast das Feuer ausgehen lassen. Ja, ja, ich kenne das. Und warum, so frage ich, soll ich ausgerechnet dir die Flamme geben?«

Schnell und heimlich fragte Vasalisa ihre Puppe um Rat und antwortete dann: »Weil ich dich darum bitte.«

»Hm«, knurrte die Hexe. »Glück gehabt. Das war die richtige Antwort. Aber ich gebe dir das Feuer erst, wenn du die Aufgaben lösen kannst, die ich dir stelle. Und wenn es dir nicht gelingt, musst du sterben.«

Vasalisa willigte in diesen Handel ein und Baba Yaga brummte. »Zuerst musst du alle meine Kleider waschen, dann musst du mein Haus fegen, mir eine gute Mahlzeit bereiten und den verschimmelten Weizen in meiner Kornkammer vom guten Weizen trennen. Ich werde beim ersten Morgengrauen zurückkehren und wenn du bis dahin nicht all diese Aufgaben erledigt hast, werde ich dich mit Haut und Haaren fressen.«

Damit flog Baba Yaga in ihrem Hexenkessel davon und Vasalisa wandte sich voll Schrecken an ihre Puppe: »Was soll ich nur tun? Wie soll ich mit all dem nur rechtzeitig fertig werden?« Aber die Puppe versicherte ihr, dass alles vollbracht sein würde, noch bevor der Morgen graute, und die letzte und schwierigste Aufgabe würde erledigt, während Vasalisa sich zur Ruhe begab und schlief. So wusch Vasalisa die Kleider der Alten, fegte das Haus, kochte eine Mahlzeit, nahm ein wenig von Baba Yagas Essen zu sich, fütterte auch ihre treue Puppe und begab sich zur Ruhe in Baba Yagas Hexenhaus.

Als Baba Yaga beim ersten Morgengrauen zurückkehrte, waren ihre Kleider gewaschen und getrocknet, die Mahlzeit stand auf dem Tisch, das Haus war blitzeblank geputzt, und ein riesiger Berg guten Weizens war fein säuberlich vom schlechten Weizen getrennt worden. Die Hexe konnte beim besten Willen keinen Mangel an Vasalisas Werken finden. »Nun, da hast du wohl wieder einmal Glück gehabt«, brummte sie und dann rief sie ihre dienstbaren Geister herbei, die als drei Paar körperlose Hände aus dem Nichts erschienen und emsig begannen, den guten Weizen zu enthülsen und ihn in der Luft zu Brei zu stampfen. Den Brei verschlang die Alte mit sichtlichem Genuss, aber als sie fertig war, deutete sie auf einen riesigen Erdhaufen vor ihrer Haustür und sagte zu Vasalisa: »In diesem Erdhaufen verbergen sich Millionen von winzig kleinen Mohnsamen. Die musst du in der kommenden Nacht von allem Schmutz und allen Erdresten trennen. Und wenn dir das nicht gelingt, musst du sterben.«

Beim Anblick des Erdhaufens blieb Vasalisa vor Schreck beinahe das Herz stehen, aber sie griff in ihre Schürzentasche, und die Puppe flüsterte sogleich: »Mach dir keine Sorgen, ich werde dir helfen.«

In jener Nacht versuchte Vasalisa, sämtliche Mohnsamen von dem Schmutz der Erde zu trennen, aber nach einer Weile sagte die Puppe: »Begib dich zur Ruhe und du wirst sehen, dass am Morgen alles zum Besten bestellt sein wird.«

Und so war es. Als die Alte beim Morgengrauen heimkehrte, lagen Erde und Mohnsamen fein säuberlich getrennt vor ihrem Haus. »So, so«, knurrte die Hexe anerkennend. »Da hast du wohl tatsächlich einmal etwas fertig gebracht.« Sie rief ihre treuen Dienstgeister herbei und trug ihnen auf, das Öl aus den Mohnsamen zu pressen. Drei Paar körperlose Hände taten, wie ihnen befohlen und Baba Yaga beschmierte ihre faltigen Lippen mit dem Mohnsamenöl.

4. Aufgabe:
Der wilden Alten entgegentreten

Vasalisa muss nun der andersartigen, wilden, feurigen, unzivilisierten und chaotischen Baba Yaga entgegentreten. Sie bleibt eine Weile in ihrem Haus und macht sich mit dem Hexenhaften in ihr vertraut. Dadurch, dass sie das Essen der Hexe zu sich nimmt, übernimmt sie auch manche ihrer Werte und wird auf diese Weise ein wenig »anders«.

Baba Yagas Haus steht auf Tierbeinen. Sie ist mit den tierischen Urinstinkten vertraut und tanzt mit vitaler, ungebrochener Lebenskraft und ungebärdiger Lebensfreude einen Walzer. Baba Yaga ist eine Hexe, eine mit Heilkräften begabte Medizinfrau. Das englische Wort »witch« kommt von »wit« und bedeutet »weise«, sie ist die Hüterin des ältesten Wissens. Sie kennt das Menschliche, was sie auch sofort knurrend kundtut: »Ja, ja, ich kenne dich und deinesgleichen.«

Die drei Reiter »mein Tag – mein Sonnenaufgang – meine Nacht« sind ihr eigen, woraus sich schließen lässt, dass sie sich als Teil der Naturkräfte begreift, vielleicht als Inkarnation der heidnischen Mutter Nyx, der »Mutter des Tages und der Nacht«.

Baba Yaga ist schrecklich, aber gerecht. Vasalisa ist standhaft und erweist der wilden Frau gebührenden Respekt. Nicht nur Männer, auch viele Frauen fürchten sich vor der gewaltigen Frauen-Power. Die femininen, Ehrfurcht gebietenden Urkräfte der Baba Yaga, die in jeder Frau stecken, sind gewaltig. Es geht darum, sich mit diesen elementaren, rätselhaften Kräften vertraut zu machen, sie zu zähmen, denn ein bisschen Yagahaftigkeit ist für uns nützlich und gut.

5. Aufgabe:
Dem Über-Rationalen dienen

Um das Feuer der Hexe zu erhalten, muss Vasalisa eine Reihe von Hausarbeiten verrichten und ihr dienen. Sie muss waschen, fegen und kochen.

Baba Yaga verlangt als erste Aufgabe, dass Vasalisa ihre Gewänder wäscht. Diese Gewänder sind keine gewöhnlichen, denn sie sind aus unzerreißbarem Stoff gewirkt und von kräftigen Fäden zusammengehalten. In diese Gewänder sind Hexengeheimnisse gewoben, göttliche Geheimnisse von Werden, Vergehen und Neuwerden, vom zyklischen Kreislauf von Leben, Tod und Auferweckung. Beim Waschen sieht Vasalisa, wie die Kleider genäht sind und erkennt die geheimnisvollen Muster.

Als Nächstes fegt Vasalisa Baba Yagas Hütte. Sie macht Ordnung, räumt Unrat fort und schafft Freiraum. Pinkola Estés weist darauf hin, dass »hier Ordnung in einem auf den ersten Blick völlig verrückt wirkenden Haushalt gebracht wird, dass in Gefilden der Psyche, die .. über-rationalen Gesetzmäßigkeiten unterstehen, sage und schreibe ausgefegt wird« und sie folgert daraus: »Auch die Psyche muss in regelmäßigen Abständen ausgefegt werden, damit unsere wilde Natur besser gedeihen kann.«[69]

Als Nächstes muss das Mädchen für die wilde Frau in sich kochen. Sie muss sie nähren. Die wilde Frau lässt sich nicht auf Magerdiät setzen, doch womit ernährt sich die wilde Göttin der eigenen Psyche? Um zu kochen, muss Vasalisa zuerst ein Feuer entfachen. Um der wilden Frau nahe zu kommen, muss sie zuerst mit leidenschaftlichem Einsatz für etwas Schöpferisches ein Feuer erzeugen. Lustvolle Kreativität, neue Ideen und die Bereitschaft, neue Wege zu beschreiten, sind die Zutaten für eine göttliche Speise der wilden Frau und Vasalisa kann die unmögliche Aufgabe erfüllen.

6. Aufgabe:
Dieses von jenem trennen

Nachdem Vasalisa die ersten drei Aufgaben erfüllt hat, legt sie sich schlafen. Die Puppe, die Intuition, übernimmt die vierte und schwierigste Aufgabe: Das Trennen von schlechtem und guten Weizen, das Trennen von Mohnsamen und dem Schmutz der Erde.

Tatsächlich findet die Trennung vom Guten und Heilsamen und dem Schlechten und Giftigen eher im Schlaf, im Traum und weniger im Wachzustand statt. Wenn wir eine Sache ruhen lassen, kommt uns plötzlich, völlig unerwartet, eine rettende Lösung in den Sinn.

Der Weizen hat mehrere Bedeutungen. Er ist zum einen Nahrungsmittel. In destillierter Form ist er uns als Alkohol bekannt. Hier ist er Rauschmittel, aber auch Medizin. Ebenso hat der schwärzliche Pilz, der in verschimmeltem Korn auftaucht, eine halluzinogene Wirkung und erzeugt Visionen.

Mohnsamen ist Genuss-, aber auch Schlaf- und Betäubungsmittel. Schmutzige Erde ist Dreck, aber in Form von Schlammpackungen, von Kleie und Heilerde dient sie auch als Arznei.

Vasalisa gelingt es mithilfe der Puppe, präzise auszusortieren, was heilsam für ihre Seele ist und was sie vergiftet.

Selbstwerdung, Individuation, bedeutet seinem Wesen nach nicht teilbar, nicht dividierbar zu sein. Es geht um die Absonderung von dem Verschmolzensein mit und dem Aufgehobensein in den Eltern. Es geht darum, sich auf die eigenen Wurzeln zu besinnen und das gute Erbe vom schwierigen, das wir alle von unseren Eltern verinnerlichen, zu trennen. Das Gute dankbar annehmen führt das Mädchen zu einer versöhnenden Haltung gegenüber den eigenen Eltern und zur Erfüllung des vierten Gebotes, der Ehre von Vater und Mutter.

Das Ritual

Den Mädchen werden vor dem Raum die Augen verbunden. Ihre Mentorin begleitet sie. Die Paare kommen einzeln in den Raum, führen die Rituale durch und setzen sich nachher schweigend in einen Kreis.

Für die Aufgaben ist es hilfreich, Textblätter zu verteilen und »Baba Yaga Musik« im Hintergrund auf CD abzuspielen.

Das Einweihungsritual

Dem Mädchen sind die Augen verbunden.

Die Mentorin führt das Mädchen zur Aufgabe, erklärt sie ihm und spricht den Text.

Waschen – das Mädchen greift in die Schüssel mit Seifenlauge und Wäsche.

Text: Wäsche waschen ist reinigen. Baba Yagas Kleider sind aus unzerreißbarem Stoff gewirkt und von kräftigen Fäden zusammengehalten. In den Nähten sind kraftvolle Geheimnisse verborgen.

Erkenne, was in deinem Leben sortiert, ausgemustert und durch Reinigung aufgefrischt werden muss.

Fegen – das Mädchen erhält einen starken Besen und soll fegen.

Text: Fegen heißt Ordnung machen. Manchmal tut es gut, den angesammelten Unrat in der eigenen Seele fortzuräumen und einen Freiraum zu schaffen.

Erkenne, dass es eine Zeit gibt, die ganz allein dir gehört. Es gibt einen Raum, in dem du dich mit deinen tiefsten Träumen und Wünschen beschäftigen kannst.

Kochen – das Mädchen bekommt einen Teig zum Kneten.

Text: Für Baba Yaga kochen heißt: Zuerst ein Feuer entfachen. Vor Leidenschaft brennen. Sich mit voller Kraft für etwas einsetzen.

Alles, was du mit innerem Feuer tust, gibt lustvolle Kreativität und Schöpfungskraft. Bedenke: Wer sich auf Diät setzt, verliert die Lebenskraft.

Weizen trennen – das Mädchen bekommt Weizen über die Hände geschüttet.

Text: Der Weizen ist ein Symbol des Lebens. Der Weizen hat mehrere Bedeutungen. Er ist Brot als Nahrung. In Form von Alkohol ist er Rauschmittel und auch belebende Medizin.

Unterscheide und Trenne für dein Leben – für Körper und Seele – das Nahrhafte und Heilende vom Krankmachenden und Zerstörerischen.

Mohn von der Erde trennen – das Mädchen bekommt Erde mit Mohnsamen zum Betasten.

Text: Mohnsamen sind ein Schlaf- und Betäubungsmittel. Erde kann in Form von Schlammpackungen, von Kleie und Heilerde als Arznei dienen.

Vasalisa löst die Aufgabe im Schlaf. Höre die Botschaft der weisen alten Frau: Manch unlösbares Problem sollst du ruhen lassen und plötzlich, völlig unerwartet, kommt dir eine rettende Lösung in den Sinn.

Augenbinde lösen – die Mentorin steht vor dem Mädchen und löst die Augenbinde.

Text: Sei, die du bist!

Dann setzen sich beide schweigend in den Kreis. Wenn das letzte Paar sich gesetzt hat:

Im Sitzkreis:

Im nächsten Abschnitt wird Vasalisa nach den drei farbigen Reitern fragen. Die Frage nach den Reitern ist eine Frage nach dem Mystischen im Leben.

Wer bin ich? Die Lebensfrage!

Farben erklären: weiß, rot und schwarz – Geburt, Leben und Tod

Die Mentorinnen halten ein weißes, rotes und schwarzes Tuch hoch und die Mädchen laufen darunter durch, hinaus ins Freie. Alle Mentorinnen wiederholen im Chor den Satz:

»NN, lass leben, lass sterben und lass auferstehen!«

Wir gehen durch den Wald hinunter zur Feuerstelle und entzünden ein großes Feuer.

Hier wird der letzte Abschnitt erzählt:

Das Märchen: 3. Teil

*D*a trat Vasalisa einen Schritt auf die Alte zu und sagte: »Darf ich dich etwas fragen, Großmutter?«

»Fragen wohl«, gab die Yaga zurück. »Aber bedenke, dass zuviel Wissen den Menschen vorzeitig altern lässt.«

Da fragte Vasalisa die Hexe, was der weiße Reiter auf dem weißen Hengst zu bedeuten habe.

»Ah«, murmelte die Yaga. »Dieser Erste ist mein Tag.«

»Und der rote Reiter auf dem roten Pferd, was ist er?«

»Ah, dieser ist meine aufgehende Sonne.«

»Und der schwarze Reiter auf dem schwarzen Pferd?«

»Ah, der Dritte im Bunde, er ist meine Nacht.«

»Oh!«, sagte Vasalisa. »Ich verstehe.«

»Nun denn, möchtest du vielleicht noch ein paar Fragen stellen?«, erkundigte sich die Alte lauernd.

Gerade wollte Vasalisa nach den körperlosen Händen fragen, als die Puppe in ihrer Schürzentasche warnend auf und nieder hüpfte. Deshalb entgegnete Vasalisa schnell: »Nein, Großmutter. Wie du schon sagtest, zu viel Wissen macht den Menschen vorzeitig alt.« »Hm, du bist weiser, als ich dachte, meine Kleine. Wie geht das zu?«, fragte die Hexe.

»Der Segen meiner Mutter liegt auf mir«, antwortete Vasalisa.

»Segen?«, rief Baba Yaga. »In meinem Haus wird kein Segen gebraucht. Mach, dass du nach Hause kommst!« Damit stieß sie das Mädchen vor die Tür. Von ihrem unheimlichen Gartenzaun brach sie einen Totenschädel ab, die in der Dunkelheit von innen her leuchteten, und reichte ihn Vasalisa. »Hier. Nimm diesen Feuerschädel und trage ihn auf einem Stock mit dir nach Haus. Da hast du dein Feuer. Und nun kein Wort mehr. Mach dich auf den Weg.«

Vasalisa wollte der Yaga danken, aber die Puppe begann in ihrer Tasche auf und ab zu springen und da erkannte Vasalisa, dass sie das Feuer wortlos entgegennehmen und sich sofort auf den Weg machen musste.

Sie rannte den ganzen Weg nach Hause und die Puppe wies ihr auch diesmal den Weg durch den Wald. Aber nach Einbruch der Dunkelheit sprangen Flammen aus den Nasenlöchern, Augenhöhlen und dem grinsenden Mund des Schädels, und da begann Vasalisa sich zu fürchten. Sie dachte schon daran, den unheimlichen Schädel fortzuwerfen und sich auf und davon zu machen, als dieser zu sprechen begann und ihr zuraunte: »Beruhige dich und trage mich unbeirrt zu dem Haus, in dem deine Stiefmutter und deine Stiefschwestern leben.«

Als die böse Stiefmutter und ihre Töchter in jener Nacht einmal aus dem Fenster blickten, sahen sie ein flackerndes Licht zwischen den Bäumen des Waldes einherschwanken, ein rätselhaftes feuriges Glimmern, das näher und näher kam. Sie wussten nicht, was sie davon halten sollten, denn längst hatten sie Vasalisas lange Abwesenheit damit erklärt, dass sie wohl tot war, und heimlich hatten sie sich darüber gefreut und gemeint, sie ein für alle Mal los zu sein.

Aber nun war der flackernde Lichtpunkt in ihren Hof eingekehrt und da rannten die drei zur Eingangstür und erkannten zu ihrem Entsetzen, dass Vasalisa ihnen das Feuer gebracht und den Schrecken der furchtbaren Baba Yaga überlebt hatte.

Scheinheilig dankten sie Vasalisa und gaben zu, dass es ihnen in all der Zeit nicht gelungen war, selbst ein Feuer zu entfachen. Vasalisa zündete das Feuer an und legte sich dann, müde von ihrem langen Weg, zum Schlafen ins Bett. Die Stiefmutter und ihre Töchter rangen die Hände und liefen hierhin und dorthin, um sich heimlich zu beraten und einen neuen Plan auszuhecken, doch der feurige Totenkopf beobachtete jede ihrer Bewegungen und brannte sich in sie ein und ließ sie nirgends zur Ruhe kommen. Und als Vasalisa am nächsten Morgen erwachte, sah sie, dass nur noch ein Häuflein Asche von den dreien übrig war.

7. Aufgabe:
Nach den Mysterien fragen

Nachdem Vasalisa bei ihrer wilden Frau gewaschen, gefegt und ihr zu essen gegeben und das Giftige vom Heilsamen getrennt hat, geht sie den Fragen der Mysterien nach.

Die bedeutsamste Frage, die sich das junge Mädchen stellen muss, ist: »Wer bin ich in dieser Welt? Wer bin ich wirklich?« Doch sie ist noch nicht reif genug, diese Kernfrage direkt zu stellen, und so fragt sie nach den seltsamen Reitern. Diese treten in Weiß, Rot und Schwarz auf. In denselben Farben ist Vasalisa und ihre Puppe gekleidet: rote Stiefel, ein schwarzer Rock mit einer weißen Schürze darüber und einer Weste die über und über mit bunten Fäden bestickt war.

Baba Yaga antwortet zunächst, dass es sich hier um den Zyklus des Tages von Morgen, Mittag und Abend handelt. Die Farben Weiß, Rot und Schwarz repräsentieren von alters her Geburt, Leben und Tod, aber auch die drei Lebensalter der Frau: Jungfrau, reife (gebärfähige) Frau und alte Weise. Jutta Voss bringt die drei Farben auch in Zusammenhang mit den drei Phasen des weiblichen Zyklus' und des Mondes.[70]

So gesehen sind die drei Farben doch eine Antwort auf die Kernfrage: »Wer bin ich in dieser Welt?« – Du bist Morgen, Mittag und Abend. Du bist Geburt, Leben und Tod. Du bist Jungfrau, reife Frau und alte Weise. Nach jedem Abend entseht ein neuer Morgen. Auf den Tod folgt Auferweckung und aus der alten Weisen gehen Jungfrauen hervor.

Vasalisa verfügt bereits seit Kindertagen über diese Erfahrung von Tod und Neuwerden: Die Aspekte der allzu guten Mutter und später der verurteilenden Stiefmutter sind in ihrer Psyche gestorben und zwei neue Aspekte wurden auferweckt: die Intuition in Form der Puppe und die wilde Frau als Baba Yaga.

»Lass leben, lass sterben und lass auferstehen, das ist die paradox anmutende Lehre unserer Urinstinkte ... (und) erklärt, dass alles, was lebt, sterben wird und alles, was stirbt, irgendwann auferstehen und wieder leben wird.«[71] Im »Kopf« können die meisten Frauen dem zustim-

men. In der Einweihung geht es darum, dieses Mysterium auch im »Bauch« mit Leben zu füllen.

Doch die Zeit ist noch nicht reif, hinter alle Geheimnisse der wilden Frau zu schauen. Die Frage nach den körperlosen Händen muss ungestellt bleiben. »Zu viel Wissen macht vorzeitig alt.«

8. Aufgabe:
Auf allen vieren stehen

»Der Segen meiner Mutter liegt auf mir«, antwortet Vasalisa auf die Frage, woher sie ihre Weisheit nehme. Da wird Baba Yaga wütend und schickt sie wieder nach Hause, nicht ohne ihr vorher einen glühenden Totenschädel an einem Stock zu überreichen. Es ist ein wenig verwunderlich, dass die wilde Frau den Segen der guten Mutter in ihrem Haus nicht duldet. Pinkolas Estés meint dazu, dass die Yaga sich nicht über den Segen auf Vasalisa an sich aufregt, »sondern darüber, dass der Segen von der allzu sorgenvoll behütenden Mutter kommt, also von dem unterwürfigen, übertrieben folgsamen Aspekt der femininen Psyche«.[72]

Indem Vasalisa der Baba Yaga gedient hat, wird sie mit diesem Aspekt der wilden Frau gestärkt. Sie erhält den glühenden Totenschädel, den sie auf einem Stock, wie eine Laterne, nach Hause trägt. Viele traditionelle Kulturen und Religionen lehren, dass unser Wissen und unsere Weisheit – als Erinnerung – in den Knochen steckt. Unsere Begabung, unser Genius, steckt in unserem Mark und Bein.

Die Mineralien, Felsen und Steine sind die »Knochen« der Mutter Erde. So gibt es in indigenen Kulturen zahlreiche Mineral- und Knochenrituale, die häufige Suche nach Visionen auf Felsplateaus oder in Steinkreisen, um sich seines ureigenen Lebenssinns zu erinnern. Der feurige Totenschädel kann auch in Verbindung gebracht werden mit den Ahnengeistern und ihrer weisen Leuchtkraft. In unserem christlichen Verständnis, können wir diese feurigen Knochen auch als Ruach, als Geistin Gottes, interpretieren, die uns Frauen ängstigt, aber auch leitet.

9. Aufgabe:
Den Schatten in neues Licht tauchen

»Vasalisas Totenschädel ist eine Variante der Puppe. Beide weisen ihr den Weg, aber der Schädel besitzt noch andere Kräfte. Das lebende Geistfeuer in diesem Schädel beobachtet alles, was vor sich geht, innen wie außen; sein Licht fällt erbarmungslos auf die Stärken und Schwächen aller inneren Aspekte und äußeren Personen. Es sieht, was ist, und sieht es so, wie es ist. Es ist ein unbestechlicher Zeuge.«[73]

Frauen, die eine solche Fähigkeit in sich entwickelt haben, möchten sie am liebsten wieder fortwerfen. Auch Vasalisa will dieses glühende, hinter die Dinge sehende Bewusstseinsfeuer fortwerfen. Es wird ihr zu »heiß«. Sie weiß nicht, wie sie mit ihrem Wissen umgehen soll. Es ist leichter zu den Fleischtöpfen der Ägypter zurückzukehren, als die Hitze und das Feuer der Wüste auf sich zu nehmen (vgl. Exodus). Es ist der Schädel selbst, der sie beruhigt: gefasst soll sie voranschreiten, mitten in den Bereich der stiefmütterlichen, gehässigen und verlogenen Stimmen des Selbst. Vasalisa geht weiter und sieht weiter.

Die bösen Frauen zu Hause konnten kein Feuer machen, keine Energie erzeugen. So ist es auch mit unserer Psyche. Wer nur auf die anderen, die Werbung hört und angepasst lebt, bringt weder ein Feuer noch etwas anderes Schöpferisches hervor. Besinnen wir uns aber auf unsere Intuition, verliert das Stiefmütterliche in uns an Lebenskraft. Der Feuerschädel fasst die »Stiefaspekte«, also unseren Schatten und das Angepasstsein, ins Auge, beobachtet sie, lässt sie nicht zur Ruhe kommen und verbrennt sie zu einem Häufchen Asche. Vasalisa, die auf ihre Puppe und den Feuerschädel, auf die Intuition der guten Mutter und der wilden Frau vertraut, durchdringt mit ihrem Bewusstsein ihre negativen, stiefmütterlichen Gedanken und Gefühle, löst sie auf und erkennt sie als substanzlos.

Zusammenfassung

Jedes Mädchen, jede Frau hat im Leben mindestens einen Menschen, den wir als »kleine wilde Frau« bezeichnen können. Manche haben sogar das Glück, mehreren zu begegnen. Diese »kleinen wilden Mütter« unterscheiden sich grundlegend von der behütenden Mutter. »Ihre Aufgabe besteht darin, Frauen in ihrer Originalität zu unterstützen, in ihrem freiheitlichen, oft auch künstlerischen Ausdruck, und sie mit den eigenen Urinstinkten in Verbindung zu bringen.«[74]

Unser Anliegen ist es, für junge Mädchen solche Frauen zu finden und zu schulen, die diese Mädchen weiterführen, ihre Blockierungen in kreativer, sinnlicher, intellektueller und spiritueller Weise kritisieren und sie bei der Frage begleiten: »Was will ich wirklich? Wonach sehne ich mich?«

Es geht darum zu erreichen, was Vasalisa erreicht hat. Sich in das Dickicht des Waldes zu wagen und wieder nach Hause zu kommen, denn dies ist der Weg, auf dem sich die Frauenseele entfaltet. »Sie lässt uns aus dem Vollen schöpfen, den Dingen Leben einhauchen, und wenn der Atem ausgeht und etwas sterben muss, nimmt sie den unsterblichen Wesenskern in ihren Mutterschoß zurück, um ihn neu zu gebären.«[75]

Abschlussritual:

An der Feuerstelle: Feuer heißt Lebenskraft. Vasalisa hört ihre innere Stimme, ihre Intuition.

Feurige Augen sind das Feuer des Bewusstseins.

Totenkopf bemalen: Mädchen bemalen ein Glas (leeres Marmeladeglas) mit schwarzer Farbe (Totenkopf) und zünden eine Kerze (Teelicht) am Feuer an und stellen diese in den Totenkopf.

Der Totenkopf ist die »Puppe« der wilden Frau. Diese Intuition, dieses Wissen macht ihr auch Angst.

Asche – Zeit des Sterbens:

Asche ist hier ein Symbol für sterben lassen (Stieffamilie). Wer auf dem Lebensweg seine innere Stimme hört, wird auch manches sterben lassen: die überhöhten Erwartungen der Eltern, der Gesellschaft, aber auch die Demütigungen. Die Zeit des Sterbens ist gekommen.

Mentorinnen und Mädchen bekommen ein Stück schwarzes Papier.

Mädchen und Mentorinnen erzählen von Lebenserfahrungen des Sterbens oder was sie in sich sterben lassen wollen. Danach werfen sie das Blatt ins Feuer der Verwandlung.

Zwischen den Erzählungen ein Lied singen.

Abschiedsritual – Den Weg zurückgehen:

Mentorin gibt dem Mädchen einen Wunsch mit auf den Weg.

Zum Beispiel.: »NN, ich wünsche dir auf deinem Weg ...«
Begleitet von Trommelschlägen gehen sie mit dem Totenkopf zurück zum Bildungshaus.

Im Gruppenraum feiern wir ein Frauenfest mit Musik, Tanz und Gesprächen.

Jede hört auf ihre Puppe, also ihre Intuition, und geht schlafen, wenn es Zeit dafür ist.

Reflexion und Ausklang

Sonntag
9.00 Uhr Wiedereingliederung und Reflexion
Firmlinge und Patinnen gestalten sich gegenseitige eine Wunsch- und Glückskette. Mit einer Lederschnur und diversen Materialien, wie Holzperlen, Federn und Steinen gestaltet jede für die andere eine symbolische Kette für ihre jeweiligen Wünsche an die Zukunft.

Zu zweit gehen sie spazieren, erklären sich die Kette und hängen sie sich zeremoniell um.

Die Mädchen schreiben einen Brief über ihre Erlebnisse und adressieren ihn an die Eltern oder an die wilde Frau. Die Mentorinnen schreiben ihren Brief an ihren Partner, die Eltern des Mädchens oder an die wilde Frau.

Nach solch intensiven Erlebnissen ermöglicht ein Brief, wieder in die Realität zurückzukehren und nimmt auch etwas die Gefahr, allzu euphorisch in den Alltag überzugehen.

Der Brief kann zu Hause übergeben, vorgelesen oder als Gedächtnisstütze für ein Gespräch verwendet werden.

Feierlicher Abschluss und Segnung

11.00 Uhr Segensfeier – Wortgottesdienst

Eröffnung

Lied & Tanz

Fußwaschung

Leiterin liest Text der Fußwaschung (Joh 13)

Dabei wäscht die Mentorin schweigend dem Mädchen die Füße und salbt sie mit wohlriechendem Öl. Danach waschen die Mädchen schweigend ihren Patinnen die Füße und salben sie.

Tanz (barfuß)

Segnung:

Die Mentorin segnet das Mädchen:
Gott, der Herr segne
deine Augen mit Lachen,
deine Ohren mit Musik,
deine Nase mit Wohlgeruch,
deinen Mund mit Honig,
deine Hände mit Zärtlichkeit
und dein Herz mit Freude.
So segne dich der Herr.

12.00 Uhr: Mittagessen

Ausklang

Was letztlich ansteht beim Sakrament der Firmung und worauf wir in unserem Konzept besonders eingehen, ist die Feier der Wandlung vom Kind zum Erwachsenen, die Initiation in den Status eines jungen Menschen mit Freiheit und Verantwortung.

Natürlich ist, theologisch gesehen, die Firmung in jedem Lebensalter möglich. Sie ist die Komplettierung der Taufe. Bei der Taufe wird mit Wasser getauft, in der Firmung mit Feuer. In unserer Kultur hat sich die Jugendfirmung durchgesetzt. Daher nehmen wir auf diesen entscheidenden Lebensprozess besondere Rücksicht. Dabei ist es, wie wir bereits deutlich machten, der Heilige Geist selbst, der diese Wandlung bewirkt. Der Heilige Geist – das Feuer in uns – ist es, der uns antreibt, unserer Sehnsucht zu folgen, uns zu wandeln, nicht stehen zu bleiben und zu werden, wer wir in unserem Kern schon sind.

Der Kern des Menschen, sein inneres heiliges Feuer, ist nach unserem Verständnis auch der Kern des Glücks. Heranwachsende spüren dieses innere Feuer besonders deutlich. Sie spüren das Großartige, das in ihnen steckt. Dies weckt eine intensive Sehnsucht. Sie fragen: »Wer bin ich in dieser Welt?« Jugendliche beginnen in diesem Lebensprozess nach Vorbildern Ausschau zu halten. Sie suchen nach jemandem, der ihnen zeigen kann, wer sie sein könnten. Der sie ernst nimmt und akzeptiert und der ihnen hilft, mit dem heiligen Feuer, der eigenen Wahrnehmung und Intuition gesund umzugehen und ihre Sehnsucht ins rechte Licht rückt.

Ich habe einmal erlebt, dass bei der letzten Nacht des Feuers im selben Bildungshaus über das Wochenende noch eine andere Gruppe zur Firmvorbereitung anwesend war. Während wir elf Jungen und dreizehn Männer waren, waren in der anderen Firmgruppe ca. 50 Mädchen und Jungen mit zwei weiblichen Firmleiterinnen und einem Priester, der gar nicht ständig anwesend war.

Zum einen musste ich die beiden Frauen bewundern, mit wie viel Engagement sie versuchten, Freude und Inhalte der Firmung zu vermitteln. Zum anderen hatte ich auch ein wenig Mitleid, denn sie mussten viel Energie für Ordnung und Disziplin aufbringen. Ein kleiner Teil der Gruppe der Firmlinge war sichtlich in die ihnen gestellten Aufgaben vertieft, doch die Mehrzahl der Firmlinge schien sich von jeglicher Aufgabe zu drücken und für sich das Beste aus diesem Wochenende zu machen.

Nicht so bei der Nacht des Feuers. Disziplinprobleme kamen erst gar nicht auf und die Jungen wollten die verschiedenen Aufgaben und Rituale mehrmals wiederholen. Dies hängt natürlich auch mit der hohen Anzahl von erwachsenen Männern zusammen.

Dieser »praktische« Nebeneffekt ist aber nicht der Hauptgrund, warum bei uns Firmvorbereitung mit Paten und/oder Eltern geschieht. Es geht darum, dass die Jugendlichen die Erfahrung machen, dass sie in ihrem Sein von den Erwachsenen mit Wohlwollen anerkannt sind. Es geht darum, dass die Beziehung von Firmling und Pate gestärkt wird. Es geht darum, dass die Paten mit der Schaukraft der Liebe auf das heilige innere Feuer des ihnen anvertrauten Firmlings achten. Es geht darum, dieses Feuer, diesen Heiligen Geist zu stärken, zu hüten und manchmal auch einzubremsen, wenn ein Flächenbrand droht. Und es geht schließlich darum, einen gesunden Umgang mit diesem Feuer zu lernen: zum eigenen Wohl und zum Wohle der Gemeinschaft, in der jeder Einzelne lebt. Denn so unterschiedlich der Sinn des Lebens bei jedem Menschen auch sein mag, eines haben wir gemeinsam: Der Sinn des Lebens dreht sich niemals nur um mich und mein Wohl. Der Sinn des Lebens hat immer damit zu tun, mehr Freude, mehr Harmonie und mehr Liebe in die Gemeinschaft zu bringen, in der ich lebe.

Dies ist jedoch keine moralische Aufforderung. Es geht darum, meiner inneren Sehnsucht nachzugehen, aus meinem heiligen Feuer heraus zu leben und dem nachzuspüren, was ich wirklich (vgl. Bergmann)[76] will. Voller Spannung kann der Mentor und Pate still sich selbst oder offen seinen Firmling fragen: »Wer bist du? Was willst du wirklich? Und wie kann ich dir dabei helfen, dich dabei begleiten?«

Das Ziel einer initiatorischen Firmung ist es, Jugendliche zu ihrem inneren Feuer heranzuführen. Nur so werden sie wahrhaft freie und verantwortungsbewusste Menschen mit Rückgrad.

Und vielleicht wird dies auch zu einem Impuls für Eltern, Paten und Mentoren, verstärkt das zu leben, was sie wirklich wollen. Vielleicht wird es auch uns Erwachsenen zum Segen und wir können in einem lebenslangen Prozess unsere inneren Schätze heben. Vielleicht führt uns die Firmung unserer Heranwachsenden zum Kern unseres eigenen Glücks: So zu sein, wie wir sind.

Wir Autoren wünschen Ihnen jedenfalls, dass Sie auf dem abenteuerlichen, spirituellen Weg der initiatorischen Firmung auch zu sich selber finden und stehen Ihnen für Fragen und Anregungen gerne zur Verfügung.

Hildegard und Felix Rohner-Dobler
Margarethendamm 42
A – 6971 Hard
Tel.: ++43 5574 66818
Mail: rohner-dobler@vol.at

Danksagung

An dieser Stelle ist es uns ein Bedürfnis, all jenen Menschen zu danken, die an der Entstehung dieses Buches beteiligt waren:

Unser erster und aufrichtiger Dank gilt Winfried Nonhoff, Lektor des Kösel-Verlags, der von der »Nacht des Feuers« hörte und uns animierte, unsere Gedanken zur Firmung niederzuschreiben. Vielen Dank, Winfried, für deine bayerische Gelassenheit und deine kritischen und aufmunternden Worte!

Weiter danken wir Pater Anselm Grün für die spirituellen Begleitungen durch seine Bücher und Schriften. Seit 1986 sind wir begeisterte Leser seiner Ausführungen.

Unserem Ortspriester, Pfarrer Georg Meusburger, danken wir für das Vertrauen in unsere Kreativität; dass er uns in unserer Pfarrei ein eigenes Firmmodell entwickeln ließ.

Ein besonderer Dank gilt unserem Freund Daniel Kernbichler-Mikula, der die »Nacht des Feuers« begleitet und mitgestaltet.

Ebenso danken wir unserer Freundin Elfriede Mayerhofer, die bei »Vasalisa« mit dabei ist.

Ein weiterer Dank gilt unseren Eltern und Schwiegereltern Salomon und Anni Dobler und Karl und Hermine Rohner, die uns schon sehr früh unsere Begabungen entdecken und zu dem werden ließen, was wir sind.

Ein ganz besonderer Dank gilt unseren drei Kindern Micha, Tabea und Tobit. Mit ihrer Freude, ihrem Interesse, ihrem Feuer und ihren Begabungen sind sie immer wieder eine Ermutigung für uns, unser eigenes Leben zu leben.

Anmerkungen

Theoretische Grundlegung

1. Koch, Kurt. Zwischenrufe. Plädoyer für ein unzeitgemäßes Christentum. Freiburg 1987, 49
2. Cox, Harvey. Das Fest der Narren. Das Gelächter ist der Hoffnung letzte Waffe. Stuttgart 1972, 19
3. Grün, Anselm. Geborgenheit finden. Rituale feiern. Wege zu mehr Lebensfreude. Stuttgart 1997, 35
4. Vgl. ebd. 39f.
5. Hilberath, Bernd Jochen. Gibt es eigentlich eine eigenständige Theologie der Firmung? Unterschiedliche Akzente im Firmverständnis. In: Lebendige Katechese, April 2001, 8
6. Gibran, Kahlil. Der Prophet. Freiburg 1975, 16
7. Hellinger, Bert. Anerkennen, was ist. Gespräche über Verstrickung und Lösung. München 1996, 21
8. Grün, Anselm. Die Taufe. Feier des Lebens. Münsterschwarzach 2001, 28
9. ebd. 29
10. ebd. 43f.
11. Vgl. Walser, Christoph. Men's Spirit. Spiritualität für Männer. Freiburg 2002, 8
12. Vgl. Grün, Anselm. Die Firmung. Verantwortung und Kraft. Münsterschwarzach 2000, 51
13. ebd. 41
14. Koller, Gerald. Beziehungen leben. Auf dem Weg zu einem neuen Miteinander. Hohenberg 2002, 105
15. Montessori Maria. Kinder sind anders. München 2000, 44
16. zit. in: Berg, Horst Klaus. Maria Montessori – Mit Kindern das Leben suchen. Antworten auf aktuelle pädagogische Fragen. Freiburg 2002, 30
17. Konijn, Seef. Aufstieg zur Lebenstiefe. Sakramente als Symbole menschlicher Grunderfahrungen. Freiburg 1989, 67
18. Juul, Jesper. Das kompetente Kind. Hamburg 1997, 239
19. Vgl. ebd. 243
20. Koller, 146
21. Grün 2000, 16
22. Guggemos, C./ Karbach, S.. Eine halbe Stunde oder ein halbes Jahr. Firmung als Bestärkung in der Identitätsfindung Jugendlicher. In: Lebendige Katechese.April 2001, 29
23. ebd. 29
24. Wagner-Rau, Ulrike. Segen – Freiraum für Mädchen. KU. Weil ich ein Mädchen bin. Gütersloh 1999, 18
25. Biddulph, Steve. Jungen! Wie sie glücklich heranwachsen. München 1998, 40
26. Some, Malidoma. Die Weisheit Afrikas. Rituale, Natur und der Sinn des Lebens. Kreuzlingen/ München 2001, 44
27. ebd. 45
28. Kast, Verena. Vom Interesse und dem Sinn der Langeweile. München 2003, 10
29. Grün 2000, 11
30. Vgl. Gilmore, David D. Mythos Mann. Rollen, Rituale, Leitbilder. München 1991, 244
31. Rohr, Richard. Ein kleineres Selbst und ein größerer Gott. In: memo. Ökumenischer Manuskriptdienst für Religiöse Sendungen im ORF. 1/97, 16
32. Gilmore, 12
33. Pinkola Estés, Clarissa. Die Wolfsfrau. Die Kraft der weiblichen Urinstinkte. München 1993, 81
34. Vgl. Grün 1997, 34f.
35. Rohr, Richard, vgl. Anm. 31
36. Schiffer, Eckhard. Warum Huckleberry Finn nicht süchtig wurde. Berlin 1996, 19
37. zit. in: Welzien, Diane v.: »Rituale neu erschaffen«. Basel 1995, 29
38. Vgl. Gilmore, 248
39. Schiffer, 73
40. Zit. in: Vogelmann, Wilfried. Männliche Initiation. In: Männernetzwerk. Impulse zur Männerbildung in den Diözesen Mainz und Rottenburg-Stuttgart. 2002/ 2, 18
41. Rohr ,Richard. Adam, wo bist du? Mitschrift eines Männerseminars im Schloss Tanzenberg, Kärnten. 1996, 10
42. ebd. 11
43. ebd. 11
44. Hofer, Markus. Einst war ich ein Kind, jetzt bin ich ein Mann. Initiationsriten für Männer mit Richard Rohr. Feldkirch 1998, 11
45. Vogelmann, 21
46. Some, 119
47. ebd. 37
48. Arnold, Patrick M. Männliche Spiritualität. Der Weg zur Stärke. München 1994, 135f.
49. Biddulph, 37
50. Some, 298

Praktische Ausführung

1. Walser, Christoph. Men's Spirit. Spiritualität für Männer. Freiburg 2002, 110
2. Grün, Anselm/ Robben, Maria-M. Finde deine Lebensspur. Die Wunden der Kindheit heilen – Spirituelle Impulse. Freiburg 2001
3. ebd. 59
4. ebd. 65
5. Guggenbühl, Allan. Pubertät – echt ätzend. Gelassen durch die schwierigen Jahre. Freiburg 2000, 32
6. Zit. in: Grün/ Robben 2001, 154
7. ebd. 154
8. ebd. 159
9. Vgl. Braun, Joachim. Jungen in der Pubertät. Wie Söhne erwachsen werden. Hamburg 2003, 119
10. ebd. 119
11. Glania, Beate. Firmpaten: eine (verpasste) Chance? zit. in: Lebendige Katechese. April 2001, 58
12. vgl. Cox, Harvey. Das Fest der Narren. Das Gelächter ist der Hoffnung letzte Waffe. Stuttgart 1972, 35
13. Some, Malidoma. Die Weisheit Afrikas. Rituale, Natur und der Sinn des Lebens. Kreuzlingen/ München 2001, 45
14. Seifert, Anne/ Höfer, Albert. Der Bekehrungsweg Jakobs. München 1992
15. Grün, Anselm. Die Beichte. Feier der Versöhnung. Münsterschwarzach 2001
16. Grün, Anselm, Sakramente – Die Firmung, Münsterschwarzach 2000, 23
17. Bly, Robert. Eisenhans. Ein Buch über Männer. München 1993
18. ebd. 20
19. ebd. 21
20. ebd. 22

21. ebd. 27
22. ebd. 31
23. ebd. 32
24. vgl. ebd. 34
25. ebd. 37
26. ebd. 53
27. ebd. 57
28. zit. in: ebd. 63
29. ebd. 64
30. ebd. 65
31. zit. in: ebd. 74
32. ebd. 83
33. ebd. 84
34. zit. in: Sharp, D. Zur eigenen Tiefe finden. Eine Psychologie der Lebensmitte des Mannes. Interlaken 1990, 14
35. Bly 119
36. ebd. 124
37. ebd. 125
38. ebd. 148
39. ebd. 149
40. ebd. 188
41. zit. in: Meade, Michael. Die Männer und das Wasser des Lebens. Wege zur wahren Männlichkeit. München 1994, 239
42. Bly 207
43. zit. in Grün Anselm. Tu dir doch nicht selber weh. Mainz 1997, 7
44. ebd. 12
45. Bly 246
46. ebd. 269
47. Grimms Märchen. Ausgewählt von Bogner u. Herrsching 1989, 167
48. vgl. Voss, Jutta. Das Schwarzmondtabu. Die kulturelle Bedeutung des weiblichen Zyklus. Zürich 1988, bes. 58ff.
49. Bly 279

50. ebd. 281
51. ebd. 285
52. ebd. 296
53. zit. in: ebd. 300
54. Souli, S. Griechische Mythologie. Toubis 1995, 50
55. zit. in: Bly 292
56. ebd. 304
57. ebd. 306f.
58. ebd. 306
59. ebd. 321
60. Seeger, H-K. Der Sinn unserer Sinne. Tore zur Wirklichkeit. Kevelaer 1992, 133
61. Some 45
62. Pinkola Estés, Clarissa. Die Wolfsfrau. Die Kraft der weiblichen Urinstinkte. München 1993, 89
63. vgl. Kast, 31ff.
64. Pinkola, 92
65. vgl. Onken, Julia. Vatermänner. Ein Bericht über die Vater-Tochter-Beziehung und ihren Einfluss auf die Partnerschaft. München 1997
66. Pinkola, 92
67. ebd. 96
68. ebd. 97
69. ebd. 103
70. vgl. Voss
71. Pinkola, 108
72. ebd. 109
73. ebd. 111
74. ebd. 115
75. ebd. 115
76. vgl. Bergmann, Frithjof. Vision von einer Arbeit und Schule der Zukunft. In: Mit Kindern wachsen. Neue Perspektiven und Wege im Leben mit Kindern. Emmendingen Juli 2003, 20ff.

Literatur

Theologie

Grün, Anselm, *Geborgenheit finden. Rituale feiern. Wege zu mehr Lebensfreude.* Stuttgart 1997
Grün, Anselm, *Die Firmung. Verantwortung und Kraft.* Münsterschwarzach 2000
Konijn, Seef, *Aufstieg zur Lebenstiefe. Sakramente als Symbole menschlicher Grunderfahrungen.* Freiburg 1989
Koch, Kurt, *Zwischenrufe. Plädoyer für ein unzeitgemäßes Christentum.* Freiburg 1987

Pädagogik

Montessori, Maria, *Kinder sind anders.* München 2000
Berg, Horst Klaus, Montessori, Maria, *Mit Kindern das Leben suchen. Antworten auf aktuelle pädagogischen Fragen.* Freiburg 2002
Guggenbühl, Allan, *Pubertät – echt ätzend. Gelassen durch die schwierigen Jahre.* Freiburg 2000
Juul, Jesper, *Das kompetente Kind.* Hamburg 1997

Biddulph, Steve, *Jungen! Wie sie glücklich heranwachsen.* München 1998
Preuschoff, Gisela, *Mädchen! Wie sie glücklich heranwachsen.* München 2003

Initiation, Männer- und Frauenbücher

Pinkola Estés, Clarissa, *Die Wolfsfrau. Die Kraft der weiblichen Urinstinkte.* München 1993
Some, Malidoma, *Die Weisheit Afrikas. Rituale, Natur und der Sinn des Lebens.* Kreuzlingen/ München 2001
Gilmore, David D., *Mythos Mann. Rollen, Rituale, Leitbilder.* München 1991
Walser, Christoph, *Men´s Spirit. Spiritualität für Männer.* Freiburg 2002